Esplorare gli elementi popolari nell'istruzione primaria in Bangladesh

Md.Abdur Razzak

Esplorare gli elementi popolari nell'istruzione primaria in Bangladesh

ScienciaScripts

Imprint

Any brand names and product names mentioned in this book are subject to trademark, brand or patent protection and are trademarks or registered trademarks of their respective holders. The use of brand names, product names, common names, trade names, product descriptions etc. even without a particular marking in this work is in no way to be construed to mean that such names may be regarded as unrestricted in respect of trademark and brand protection legislation and could thus be used by anyone.

Cover image: www.ingimage.com

This book is a translation from the original published under ISBN 978-3-330-00014-8.

Publisher:
Sciencia Scripts
is a trademark of
Dodo Books Indian Ocean Ltd. and OmniScriptum S.R.L publishing group

120 High Road, East Finchley, London, N2 9ED, United Kingdom
Str. Armeneasca 28/1, office 1, Chisinau MD-2012, Republic of Moldova, Europe

ISBN: 978-620-8-36102-0

Copyright © Md.Abdur Razzak
Copyright © 2024 Dodo Books Indian Ocean Ltd. and OmniScriptum S.R.L publishing group

ESPLORAZIONE DEGLI ELEMENTI POPOLARI NELL'ISTRUZIONE PRIMARIA DEL BANGLADESH

DA
MD. ABDUR RAZZAK

DEDICA

Ai miei idoli e amati genitori.
Il più tardivo. Rowshan Ara
&
Il defunto Md. Abdur Rashid

RICONOSCIMENTI

È un'abbondante benedizione di Allah che mi ha permesso di presentare il mio lavoro di ricerca.

Questo lungo percorso di ricerca non è stato facile, ma le istruzioni, i suggerimenti e i consigli del mio supervisore di ricerca, il professor Md. Abul Hasan Chowdhury, e dei miei co-supervisori, il dottor Happy Kumar Das e il dottor Habibur Rahman, mi hanno aiutato a superare tutte le mie sfide e i miei limiti. Sono sempre grato a loro per il loro sostegno incondizionato.

Vorrei ringraziare tutti gli insegnanti, i miei compagni e il personale dell'Istituto di Educazione e Ricerca dell'Università di Rajshahi. È stato assolutamente impossibile completare il mio lavoro senza i loro preziosi suggerimenti e la loro assistenza.

Il Presidente e il Bibliotecario del Dipartimento di Folklore mi hanno dato il permesso di usare la loro biblioteca del seminario e di raccogliere i libri secondo i loro principi. Ricordo umilmente la loro collaborazione.

Sono grato ai dottori Sazzadul Bari, Moutushy Shome e James Soren, che hanno inserito i loro preziosi commenti e suggerimenti nel mio lavoro di ricerca. Non mi hanno negato il loro tempo prezioso e la loro assistenza quando è stato necessario.

Mia moglie Sumi, i miei figli Siam e Saad, e i benefattori che mi hanno sempre accompagnato nelle loro preghiere. Era troppo difficile per me svolgere i miei compiti familiari mentre facevo ricerca. Ma mia moglie non ha fatto sapere agli altri membri della famiglia della mia assenza. Inoltre, i miei figli avevano bisogno della mia compagnia nella loro prima formazione e sentivano molto la mia mancanza. Il loro sacrificio, la loro ispirazione e la loro collaborazione mi hanno aiutato a svolgere la mia ricerca con cordialità.

Qui ricordo mia madre, la defunta Rawshanara. Mi ha ispirato a diventare un'insegnante e una ricercatrice.

Non potrei nominare tutti coloro che mi hanno aiutato in qualche modo, soprattutto i miei fratelli, sorelle, parenti e colleghi, quindi mi limiterò a dire che sono nel mio cuore e nelle mie preghiere.

L'autore

Indice dei contenuti

RICONOSCIMENTI 3
ABSTRACT 5
CAPITOLO 1: INTRODUZIONE 9
CAPITOLO 2: REVISIONE DELLA LETTERATURA 26
CAPITOLO 3: METODOLOGIA APPLICATA ALLA RICERCA 41
CAPITOLO 4: IDENTIFICAZIONE DEGLI ELEMENTI FOLKLORISTICI NEL CURRICULUM DELL'ISTRUZIONE PRIMARIA DEL BANGLADESH 46
CAPITOLO 5: INDAGINE SUI RIFLESSI DEGLI ELEMENTI FOLKLORISTICI PRATICATI NELLA CLASSE PRIMARIA 84
CAPITOLO 6: INCLUSIONE DI METODI CHE POTREBBERO ESSERE INCORPORATI PER RIFLETTERE ELEMENTI POPOLARI NEL CURRICULUM PRIMARIO AL FINE DI MIGLIORARE I VALORI E L'ETICA DEGLI STUDENTI 91
CAPITOLO 7: DISCUSSIONE E CONCLUSIONI 102
RIFERIMENTI 120
APPENDICE 134

ABSTRACT

Il Bangladesh è una terra ricca di cultura popolare. Anche in questo XXI secolo, quando il modernismo è al suo apice, si possono trovare molti elementi popolari. L'importanza degli elementi popolari nella vita quotidiana non può essere sopravvalutata. Essi divertono, motivano e circondano gli abitanti del villaggio. Inoltre, mantengono l'armonia e la tranquillità della società.

Gli elementi folkloristici sono importanti non solo nella vita socioculturale, ma anche nei contesti educativi. Gli elementi folkloristici consentono ai giovani di distinguere il bene dal male, di trasmettere conoscenze sociali, culturali, tradizionali, ecologiche ed etiche e di trasferire ideali morali attraverso il divertimento. Gli elementi popolari sono utilizzati per socializzare i nuovi membri delle società e delle culture. L'educazione, invece, come tecnica di socializzazione, mira a infondere nei bambini caratteristiche e conoscenze sociali, culturali, tradizionali e morali, trasformandoli in membri di una comunità e di una cultura distinte.

Data l'importanza degli elementi folkloristici nell'educazione, numerosi elementi folkloristici sono stati utilizzati nell'educazione dei bambini, poiché sia gli elementi folkloristici che l'educazione si sforzano di creare i cambiamenti desiderati nelle menti dei bambini e di costruire ideali morali. Gli elementi popolari sono l'unico mezzo di educazione in molte civiltà tradizionali dove l'educazione formale non è disponibile. Secondo la leggenda, molti elementi popolari erano incorporati nelle istituzioni educative tradizionali dell'antico Bengala. Il maestro indù moshai insegnava ai giovani le cerimonie religiose, le conoscenze indigene, i principi sociali, culturali, etici e morali nel tole. Ai bambini della comunità musulmana, invece, venivano insegnati i valori religiosi, sociali, culturali, morali ed etici nel Maktab. Gli elementi popolari sono stati utilizzati come strumenti educativi in entrambi i tipi di educazione.

Tuttavia, la presenza di elementi popolari nella società e nell'educazione è diminuita a causa del colonialismo, della globalizzazione e della famiglia *tona-tuni*. La globalizzazione ha dato all'Occidente il controllo culturale su tutto il mondo, trasformando la cultura in beni di consumo, dipingendola come aspetto sensuale e di lusso, e le persone ne sono attratte. È spaventoso che la cultura consumabile trasmessa dalla televisione, da Internet e dai media sia difficile da soddisfare nella maggior parte delle circostanze e possa indurre le persone a impegnarsi in comportamenti corrotti, immorali e asociali per soddisfare i bisogni e le aspettative stabiliti dai media. Grazie al rapido progresso delle tecnologie dell'informazione e della comunicazione, la cultura occidentale si sta diffondendo a un ritmo incalzante. La cultura locale, le tradizioni, i costumi e i valori morali stanno scomparendo a causa della globalizzazione. L'impatto della cultura occidentale sulle comunità locali è iniziato non appena i Paesi occidentali hanno stabilito colonie in zone non occidentali del pianeta. La mancanza di rispetto e di lealtà dei coloni verso la cultura nativa era nota soprattutto attraverso la storia e i testi occidentali. Molte persone che hanno conosciuto l'Occidente attraverso le istituzioni educative coloniali disprezzano la propria cultura e adottano le pratiche occidentali.

Le famiglie singole *tona-tuni*, invece, si stanno diffondendo rapidamente ai giorni nostri, grazie ai benefici dell'istruzione moderna, ai vantaggi economici, alla rapida industrializzazione e all'urbanizzazione. Poiché di solito non ci sono membri anziani delle famiglie single *tona-tuni* che raccontino loro fiabe, indovinelli, filastrocche e così via, i giovani delle famiglie single *tona-tuni* passano il tempo da soli. Molti giovani con un solo genitore passano il tempo giocando con i videogiochi, guardando cartoni animati, programmi televisivi occidentali e dedicandosi ad attività online. Di conseguenza, si teme che questi ragazzi non ricevano un'adeguata educazione alla società, alla cultura, alla tradizione, ai riti, ai rituali, alle norme e ai valori sociali e siano attratti dalla sessualità, dalla pornografia, dalla criminalità informatica, dall'amore senza senso e da altre attività non etiche. Possono anche diventare vittime di queste attività criminali e antisociali.

In questa circostanza, solo l'educazione può creare un cambiamento previsto tra i giovani attraverso l'insegnamento di elementi popolari e l'insegnamento attraverso elementi popolari.

Tuttavia, i risultati sono insoddisfacenti sotto questo aspetto. Utilizzando il metodo della revisione documentale, questo studio ha scoperto che le pratiche tradizionali coloniali e la globalizzazione hanno avuto un impatto significativo sul sistema educativo del Bangladesh. La politica dello Stato coloniale ha prestato scarsa attenzione agli interessi e alle aspettative della popolazione locale, per cui la cultura, la società, lo sviluppo, la morale e la tradizione hanno avuto scarsa priorità. Questa mentalità coloniale si rifletteva nell'istruzione coloniale, che ignorava gli aspetti popolari e i sistemi educativi tradizionali a favore dell'insegnamento del liberalismo, della razionalità, dell'individualismo e di altre idee occidentali, tutte incompatibili con la cultura, la società, i costumi e i valori bengalesi. La globalizzazione, invece, dà priorità all'istruzione, ma soprattutto allo scopo di ottenere forza lavoro. Poiché le competenze e la formazione sono fondamentali per le industrie e i guadagni economici, la globalizzazione le privilegia rispetto alla comprensione sociale, culturale, religiosa, morale ed etica. L'istruzione è vista anche come un mezzo per guadagnare denaro e vivere una vita felice e confortevole, come viene venduto in televisione, su Internet e su altri media moderni.

Il sistema educativo del Bangladesh, come risultato della colonizzazione e della globalizzazione, è probabile che dimostri i punti sopra citati. Utilizzando l'approccio della revisione documentale, si è scoperto che gli elementi folklorici sono sottorappresentati nei curricula e nei libri di testo della scuola elementare. Ci sono persino alcuni libri di testo che non includono alcuna ricerca sugli elementi popolari.

Nell'indagine sono stati utilizzati dati primari e secondari. Per raccogliere i dati primari sono state utilizzate discussioni di gruppo, interviste e osservazioni. Le informazioni raccolte attraverso l'esame di documenti provenienti da fonti pubbliche sono indicate come dati secondari. Ove e dove appropriato, tutte le fonti sono state adeguatamente citate.

Utilizzando metodi di intervista e osservazione non strutturati, si è scoperto che, nonostante la mancanza di elementi folkloristici nei libri di testo, molti elementi folkloristici vengono applicati in classe. Gli insegnanti di solito li utilizzano per aiutare gli alunni della scuola primaria a comprendere meglio la lezione. Gli insegnanti raccontano molte fiabe, indovinelli e filastrocche popolari quando i capitoli non sono cruciali per l'esame e sono anche difficili. Gli studenti si divertono anche. Quando gli insegnanti chiedono agli alunni di partecipare alle attività co-curriculari, cantano canzoni tradizionali e recitano storie di fate, indovinelli e filastrocche. Gli alunni delle elementari che partecipano a queste attività informali sono visti chiedere e rispondere senza timore a molte domande accademiche degli insegnanti. Molti insegnanti, tuttavia, non apprezzano gli elementi folkloristici perché richiedono tempo e sono irrilevanti per i test. Molti genitori e tutori non vedono di buon occhio gli insegnanti che insegnano elementi folkloristici perché non aiutano i loro figli a raggiungere risultati accademici elevati.

La combinazione di globalizzazione informatica, famiglie singole *tona-tuni* e scarsa presentazione degli elementi popolari nei libri di testo e nei programmi di studio della scuola primaria è abbastanza forte da negare ai bambini l'opportunità di imparare gli elementi popolari. Poiché gli elementi folklorici forniscono un'educazione morale e una conoscenza della cultura, della società, della tradizione, delle norme e dei valori, la loro assenza nei libri di testo primari e nei programmi di studio nell'era della globalizzazione e delle famiglie monoparentali indica semplicemente una mancanza di educazione morale e di conoscenza della cultura, della società, della tradizione, delle norme e dei valori. L'attuale rapido aumento dei comportamenti immorali e illegali di bambini e adolescenti dimostra una mancanza di educazione morale e di valori socio-culturali.

Esaminando i dati primari e secondari e considerando il ruolo degli elementi popolari nell'istruzione primaria, questo studio offre diversi suggerimenti e raccomandazioni, tra cui raccomandazioni accademiche, raccomandazioni strutturali, raccomandazioni ideologiche e raccomandazioni cocurriculari. Nel formulare proposte e raccomandazioni, questo studio non ha trascurato l'importanza della scienza e della tecnologia attuali, delle opportunità della globalizzazione e dello sviluppo economico e infrastrutturale.

Tenendo conto della crescita dei giovani, questo studio prevede un significativo effetto benefico se questi suggerimenti e raccomandazioni saranno seguiti alla lettera.

CAPITOLO 1 : INTRODUZIONE

1.1 Contesto e prospettive

Il Bangladesh è una terra di multiculturalità, multi-tradizioni e diversità. Anche l'istruzione primaria è un tema importante in Bangladesh. L'istruzione primaria formale di questo subcontinente è stata progettata dall'impero coloniale e questi processi hanno ignorato le tradizioni e le risorse popolari di questa terra. Gli elementi popolari sono le cose che ci aspettiamo e a cui pensiamo quando pensiamo all'educazione dei bambini. Gli elementi popolari di una nazione e di un Paese riflettono la sua cultura e il suo patrimonio (Das & Lenka, 2009). Significativamente, gli elementi popolari hanno origine nelle nostre esperienze di vita quotidiana, come le prove, i piaceri e le gioie, e comprendono tutti gli aspetti della nostra vita (Tagore, 2012; Shahidullah, 1938; Azad, 2015).

L'importanza degli elementi popolari nella nostra vita quotidiana non può essere sopravvalutata. Gli elementi folkloristici sono stati implementati per soddisfare le necessità delle persone (Ahmed, 2007). Gli elementi folkloristici sono stati a lungo essenziali per le persone nelle società tradizionali come il Bangladesh, poiché molti di essi (come le fiere e i festival folkloristici) svolgono ruoli importanti nell'economia rurale, nell'occupazione temporanea, nella comunicazione culturale e sociale e fungono da fonti di piacere e divertimento (Islam, 2007). Poiché molti elementi folkloristici sono autentici, non comunitari, privi di complessità e fondati in natura, le persone di molte comunità, religioni e luoghi possono beneficiarne in senso lato (Ahmed, 2007).

Gli elementi folkloristici sono innegabilmente importanti non solo in termini di valore socio-culturale ed emotivo, ma anche in termini di valore educativo. In generale, vari tipi di elementi folkloristici si trovano nell'istruzione di tutto il mondo perché non solo rendono l'apprendimento più piacevole ed efficace (Nhung, 2016; Amali, 2014; Stavrou, 2015), ma aumentano anche la pratica della lingua madre (Nhung, 2016; Hayran, 2017), rafforzano il potere analitico e immaginativo (Nhung, 2016; Amali, 2014; Stavrou, 2015), aumentano il rispetto per la diversità (Kim, 2009; Almerico, 2014; Deafenbaugh, 2015), (Ahi, Yaya & Ozsoy, 2014).

In molte società tradizionali (Amali, 2014), gli elementi folkloristici sono stati a lungo utilizzati come strumenti educativi. Allo stesso modo, questi elementi hanno fornito indicazioni, precetti morali, conoscenze socioculturali, teologiche, storiche, tradizionali ed ecologiche, oltre a intrattenere i bambini (Stavrou, 2015; Deafenbaugh, 2015; The Daily Star, 2018; Kim, 2009; Nhung, 2016; Hourani, 2015). Gli elementi folkloristici sono stati utilizzati nella vita rurale e fanno parte dell'esperienza quotidiana, oltre che dell'educazione. Le feste popolari riuniscono le persone, promuovendo l'armonia, la solidarietà e la pace (Kamilya, 2007, 30-37).

L'educazione, invece, è la capacità di provare piacere e sofferenza al momento opportuno, come la definiva Platone. Essa fa emergere tutta la bellezza e la perfezione di cui l'allievo è capace nel suo corpo e nella sua anima (cit. in NCERT, 2014) Analogamente, Aristotele ritiene che l'educazione sia il processo di sviluppo di una mente sana in un corpo sano. Migliora le facoltà dell'uomo, in particolare la sua mente, in modo che possa godere della contemplazione della verità, della gentilezza e della bellezza suprema, che sono l'essenza della beatitudine perfetta (citato in NCERT, 2014). Anche Indrani (2012) ritiene che l'istruzione sviluppi gli aspetti fisici, mentali e caratteriali, e fornisca la conoscenza della condotta sociale, della forza, del carattere e del rispetto di sé, oltre alla piattaforma del successo.

Ciò che ci si aspetta dall'educazione è soprattutto la moralità. Allo stesso tempo, si ritiene che l'educazione, arricchita da elementi popolari, svolga un ruolo importante nello sviluppo morale dei bambini, poiché è uno degli obiettivi principali dell'educazione. Sia l'educazione che gli elementi popolari sono finalizzati allo sviluppo morale dei bambini. Quindi, ci si aspetta che un numero sufficiente di elementi folkloristici possa apportare un cambiamento nello sviluppo anche nel settore dell'istruzione.

Dal momento che sia gli elementi popolari che la morale sono strettamente collegati tra loro per la loro interdipendenza, essi richiedono una considerazione significativa nell'educazione dei bambini per la loro importanza nell'educazione (dei bambini) e nello sviluppo socio-culturale, psicologico, emotivo e morale dei bambini, e per la realizzazione degli obiettivi, delle finalità e degli scopi dell'educazione.

Ancora una volta, a parte la scolarizzazione, sia gli elementi popolari che la moralità sono fenomeni sociali che conferiscono a ogni cultura qualità uniche (perché il codice morale e gli elementi popolari di ogni società sono unici) (Parihar, Parihar & Sharma, 2018; Turiel, 2012). La moralità, come fenomeno sociale e culturale basato sulla distinzione tra bene e male, giusto e sbagliato, è influenzata dalla religione, dalla società, dalla famiglia e dai valori sociali, ed è stabilita dalla società e accettata dalla maggioranza come condotta e comportamento generale (Parihar, Parihar, & Sharma, 2018; Ayeni, 2012; Bhakta & Dutta, 2017; Samson & Allida, 2018; Gülcan, 2015; Javed, Kausar & Khan, 2014). È anche considerata una componente necessaria per condurre una vita buona e onesta (Talukdar & Hasan, 2018). Gli standard morali si basano sulle esperienze culturali e storiche delle generazioni precedenti, nonché sull'umanesimo e sugli ideali di vita (Barakoska & Jovkovska, 2013).

I neonati umani sono esseri biologici che mancheranno di sviluppo morale, sociale, culturale, intellettuale e della personalità se non saranno adeguatamente socializzati durante l'infanzia e la fanciullezza (Doda, 2005), poiché sono nuovi membri della società che sanno poco o nulla della società (Stokhof, 2018). I bambini diventano creature sociali (Stokhof, 2018; Doda, 2005; Yasarolu, 2016) perché le società socializzano e formano i loro nuovi membri attraverso la morale, le credenze, gli atteggiamenti e i valori nell'ambiente scolastico (Choy, Lee & Ramburuth, 2007). Una delle cose più importanti che i bambini imparano durante il processo di socializzazione è la morale (Shavel, 2002). L'educazione morale, invece, è un fenomeno sociale che viene praticato nella società e le persone vivono la loro vita sulla base della moralità (Josefova, 2016).

La morale e l'educazione sono fondamentalmente legate, poiché l'educazione permette ai bambini di capire la differenza tra bene e male, così come tra giusto e sbagliato (Ayeni, 2012; Gülcan, 2015). Nell'educazione popolare, l'educazione morale ha svolto un ruolo significativo (Barakoska & Jovkovska, 2013). Il valore dell'educazione morale, d'altra parte, non è diminuito nell'era moderna. Gli standard morali stanno scomparendo a un ritmo allarmante nel mondo di oggi (Modak, 2021; Masath, 2013; Kaur, 2015; Parihar, Parihar & Sharma, 2018; Bhakta & Dutta, 2017; Rahman, Younus & Uddin, 2018). La modernità, in particolare, si basa sul materialismo, sul consumismo, sul nichilismo, sull'utilitarismo e sul relativismo, che hanno portato a un maggiore disprezzo per i valori sociali e culturali. Inoltre, sta aumentando l'egoismo come risultato della ricerca di una vita migliore, aumentano le incertezze come risultato degli attacchi e aumentano le preoccupazioni dei successi moderni (Balliu, 2015). Stupri, violenze sessuali, omicidi, rapine, abuso di droghe, violenza nelle scuole e altri comportamenti immorali e illegali sono in aumento in tutto il mondo (Masath, 2013). I valori morali sono influenzati dalla globalizzazione culturale (Taneri, Gao, & Johnson, 2016) e, in molti casi, le scuole e le altre istituzioni sociali sono viste come prive di morale in questo mondo attuale (Samson & Allida, 2018), perché l'istruzione è vista come una professione simile ad altre professioni, con l'obiettivo primario di rendere le persone intelligenti piuttosto che insegnare valori morali (Kaur, 2015). Il valore che le scuole danno in casi specifici è quello della prospettiva mondiale, che in molti casi manca di cultura.

L'educazione, che ha un forte legame con la morale e l'etica, può essere utilizzata per trasmettere la cultura e le caratteristiche culturali (Gülcan, 2015). È chiaro che l'obiettivo dell'educazione è trasmettere la cultura di una società (morale, conoscenze, credenze, norme e valori) alla generazione successiva (Saldana, 2013). I sistemi educativi, sia formali che informali, svolgono un ruolo significativo nel processo di socializzazione perché trasmettono valori culturali, moralità, conoscenze, credenze, modelli di comportamento e altre caratteristiche culturali, permettendo ai bambini di diventare membri della società e della cultura (Horn, NM). È stato scoperto che la socializzazione a scuola è importante perché le persone che sono state socializzate a scuola rappresentano le norme, i valori, la moralità e altri attributi sul lavoro (Choy, Lee & Ramburuth, 2007).

Poiché le scuole sono agenzie di socializzazione, in questa condizione critica di immoralità devono socializzare gli studenti secondo le aspettative della società. L'istruzione primaria è considerata la "base" per l'istruzione superiore (Ministero dell'Istruzione, 2010). Così facendo, saremo in grado di ottenere i nostri futuri leader che soddisferanno le aspettative della nostra società.

La morale è importante non solo nell'ambiente socioculturale. L'impatto della morale sociale sulla legge è significativo (Mason, 1995). Inoltre, la morale controlla gli uomini più delle leggi, gli uomini amano avere una morale e si sentono in colpa se non viene seguita. Ci sono azioni che non sono illegali, ma sono immorali; la morale è più rigida della legge e non ha autorità (Shavel, 2002). I diritti umani non sono altro che un sostituto dei principi morali; si basano su di essi e aiutano a formare e sviluppare la cognizione e la motivazione dei bambini (Sylva, 1994; Haule, 2006).

L'educazione morale ha un punto di vista internazionale positivo e molti Paesi ne riconoscono il valore e le attribuiscono un'alta priorità. È insegnata in diversi Paesi, tra cui Giappone, Corea, Stati Uniti, Regno Unito e Sudafrica (Nargis, 2015; Ahmed, 2017). Il Bangladesh ha recentemente riconosciuto la necessità dell'educazione morale, il che è lodevole. La Politica educativa del Bangladesh del 2010 ha dato priorità allo sviluppo morale e spirituale dei bambini, oltre che alla loro crescita fisica e cognitiva. 2010 (Ministero dell'Istruzione). Ha inoltre integrato l'educazione morale in tutti i testi di religione e di educazione morale dalla terza alla decima classe. Tuttavia, non ha collegato l'istruzione morale agli aspetti popolari. Sebbene questa iniziativa sia ammirevole, l'inclusione limitata degli elementi folkloristici nell'educazione morale e nei libri di testo rischia di non produrre ulteriori risultati, perché gli elementi folkloristici si rivelano contenere conoscenze culturali, tradizionali, storiche e sociali oltre a quelle morali, che ogni bambino possiede già.

Quando si parla di educazione dei bambini, l'educazione morale ha la precedenza. La crescita morale degli studenti è un obiettivo dell'educazione formale e informale. Anche gli elementi folkloristici, come i racconti popolari, le fiabe, le leggende popolari, le filastrocche e gli indovinelli, tra gli altri, sono importanti per l'educazione dei bambini. È risaputo che ai bambini piacciono gli aspetti popolari, quindi insegnare ai bambini con gli elementi popolari è semplice. Gli elementi folkloristici sono l'unico mezzo di socializzazione per i giovani nelle società tradizionali in cui la scuola moderna non è disponibile (Amali, 2014). L'educazione popolare era l'unico modo di insegnare e imparare allo stesso modo prima dello sviluppo dell'istruzione formale nel Subcontinente indiano (Iqbal, 2013). Nelle società moderne, il valore degli elementi popolari nella socializzazione e nell'educazione morale dei bambini non è diminuito.

La consapevolezza e l'apprezzamento dei bambini per le varie culture crescono grazie ai racconti popolari (Kim, 2009). La scuola svolge un ruolo essenziale nello sviluppo sociale ed emotivo dei bambini. I temi dell'educazione del carattere vengono insegnati nel contesto della letteratura, quindi la letteratura per l'infanzia è fondamentale in questo senso. Gli studenti possono vedere che valori come il rispetto, l'onestà, il coraggio e la gentilezza sono componenti reali e interessanti del loro ambiente sociale leggendo la letteratura per ragazzi. Inoltre, aiuta a sviluppare la capacità di scegliere come agire in modo appropriato in varie situazioni (Almerico, 2014). L'educazione alla cultura popolare è fondamentale in una cultura multiculturale come quella del Bangladesh perché favorisce l'accettazione della diversità e produce le normali qualità culturali di un gruppo in una società multiculturale, oltre ad aiutare a comprendere il contesto della pratica (Deafenbaugh, 2015).

I racconti popolari forniscono indicazioni/suggerimenti morali ai bambini (Amali, 2014), descrivono la crescita della moralità, le tendenze dello stile di vita e il trionfo del bene sul male (Stavrou, 2015) e sono fondamentali per lo sviluppo dei valori, dell'etica e della vita intellettuale nei bambini (Nhung, 2016). I racconti popolari si distinguono dalle altre forme di narrativa letteraria perché sono legati alle tradizioni e alla cultura (Kim, 2009; Amali, 2014) e rappresentano ideali sociali, morali e civili. Studiando, raccogliendo, scrivendo e drammatizzando il folklore, gli studenti possono conoscere la propria storia culturale e trasferirla. I racconti popolari uniscono la cultura e la tradizione popolare a discipline e abilità accademiche come l'alfabetizzazione, il teatro, la musica e gli studi sociali (Hourani, 2015; Amali, 2014).

I racconti popolari rappresentano un approccio olistico all'insegnamento delle lingue perché rendono l'apprendimento divertente, insegnano un vocabolario basato sul contesto, forniscono informazioni culturali, forniscono input significativi e autenticamente comprensibili, incoraggiano l'immaginazione e l'uso metaforico del linguaggio (Nhung, 2016) e trasferiscono la lingua madre e la sua struttura, la pronuncia e il vocabolario alla generazione successiva (Lee, visitato il 10 febbraio 2020). I proverbi, invece, aiutano i bambini ad ampliare il loro vocabolario (Hayran, 2017).

La maggior parte delle fiabe popolari raccontate dai genitori, dai nonni e da altri membri della famiglia dei bambini non hanno componenti come città, automobili o case, e sono fondamentali per il loro sviluppo sociale, emotivo e cognitivo. Per stabilire atteggiamenti favorevoli nei confronti della natura, i bambini devono essere esposti fin da piccoli a racconti, storie e immagini con temi ambientali ed ecologici (Ahi, Yaya & Ozsoy, 2014).

In realtà, la maggior parte degli elementi del folklore sono prodotti sociali; sono creati, conservati e trasmessi dalla gente. Può essere trattato come un mezzo attraverso il quale le persone parlano con il cuore sotto forma di creazione per soddisfare i loro bisogni: artistici, di intrattenimento e funzionali.

Dalla discussione precedente, è chiaro che gli elementi folkloristici e l'educazione morale dei bambini sono strettamente correlati tra loro. Fondamentalmente, l'educazione morale attraverso gli elementi folkloristici rende l'istruzione molto ricca di risorse. È chiaro che gli elementi folkloristici svolgono un ruolo importante nella socializzazione con la cultura locale, aumentando il rispetto per la diversità, aiutando a distinguere il bene dal male, fornendo conoscenze sul patrimonio e sulla tradizione nazionale, rafforzando l'etica, trasferendo conoscenze ed esperienze alla generazione successiva, aumentando la pratica della lingua madre, rafforzando il potere analitico e di immaginazione, dando stimoli e aiutando a mantenere un buon rapporto con la natura. Gli elementi folkloristici soddisfano quindi gli scopi e gli obiettivi dell'istruzione di molti Paesi, poiché quasi tutti i Paesi si trovano ad affrontare le stesse sfide nell'era della globalizzazione. Pertanto, il sistema educativo di tutte le nazioni sta beneficiando di questi elementi.

Dalla discussione precedente, si nota che il sistema educativo coloniale considera la cultura coloniale come una perdita di tempo, ignorando altre conoscenze occidentali ottenute localmente come l'individualismo, la razionalità, il liberalismo e la letteratura inglese (Murshid, 2006). L'educazione occidentale ha formato élite sociali, culturali, politiche ed educative che disprezzano la cultura locale e seguono il modello occidentale. Alcuni di loro erano dediti al bere, fumavano sigarette occidentali, praticavano la religione occidentale e avevano una vita amorosa e matrimoniale privata, tutte influenzate dalla società occidentale. Poiché queste due tendenze sono strettamente legate al liberalismo, che è una delle principali filosofie occidentali, l'egocentrismo e l'egoismo sono aumentati tra le persone educate attraverso l'istruzione occidentale nell'era coloniale nel subcontinente indiano (Murshid, 2006).

Poiché i Paesi occidentali influenzano i sistemi educativi di altri Paesi, compresi quelli dei Paesi non occidentali, perché sono riconosciuti come più capaci economicamente, politicamente, tecnologicamente ed egemonicamente (Wiseman, Astiz, & Baker, 2013; Maloi, Gravett & Petersen, 2009; Durib, 2013; Bloom, 2006), e l'ingresso della cultura occidentale attraverso il processo di globalizzazione è accettato dall'educazione influenzata dalla globalizzazione, le pedagogie locali sono influenzate. Questa cultura d'élite viene replicata nei sistemi educativi dei Paesi non occidentali. Di conseguenza, se gli elementi popolari diventano un tipo di educazione, il sistema educativo valorizzerà la filosofia popolare, la cultura popolare e la tradizione popolare, tra le altre cose.

Gli elementi folkloristici sono direttamente collegati alla vita quotidiana dei nativi e sono sostenuti dalle conoscenze locali. Queste caratteristiche non si basano su esperienze personali o religiose di gruppo. Sono proprietà comune di tutte le persone in un luogo specifico e riflettono la tradizione, l'etica, il carattere geografico e le prospettive della popolazione locale (Azad, 2015, 55-58; Tagore, 2012; Shahidullah, 1938). Tutte queste parti del folklore, che hanno valori sia ricreativi che pratici, possono fungere da collegamento tra la società letteraria e quella non letteraria, nonché tra le culture. Di conseguenza, l'apprendimento della cultura, della tradizione, della morale, della geografia e della società all'interno della cultura sarà più efficace. Non si tratterà di un metodo di insegnamento unidirezionale; al contrario, gli alunni dovranno articolare ciò che sanno.

Nell'istruzione formale moderna, la filosofia occidentale e le cosiddette opinioni mainstream sono molto apprezzate. L'importanza delle materie critiche per il mercato del lavoro sta aumentando a causa della globalizzazione (Menon, 2006; Gravett & Petersen, 2009; Maloi, Gravett & Petersen, 2009; Bloom, 2006; Durib, 2013). Le materie che hanno ricevuto poca o nessuna attenzione a seguito della globalizzazione potrebbero ampliare l'ampiezza delle discipline e dei sottocampi educativi, e gli elementi folkloristici potrebbero essere tra quelli che sono stati trascurati nei sistemi educativi coloniali e globalizzati.

Una delle qualità più essenziali degli elementi folkloristici di una nazione è che si basano su lingue e dialetti locali. Nei dialetti locali, questi elementi hanno nomi e significati. Quando vengono trasmessi nei dialetti locali, sono vivi; quando vengono tradotti in altre lingue, diventano privi di vita. Di conseguenza, quando gli elementi folkloristici sono inclusi nell'educazione, garantiscono l'insegnamento dei dialetti locali e la conservazione delle lingue locali.

1.2 Obiettivo della ricerca

1.2.1 Obiettivo generale

L'obiettivo principale di questo studio è indagare le linee guida per migliorare i valori morali degli studenti analizzando la presentazione e le pratiche degli elementi folkloristici nel curriculum della scuola primaria e nelle classi.

1.2.2 Obiettivi specifici

Gli obiettivi specifici dello studio sono i seguenti:

1. Identificare gli elementi folkloristici nel curriculum dell'istruzione primaria del Bangladesh.
2. Indagare su come gli elementi folkloristici si riflettono nelle classi della scuola primaria.
3. Esplorare i modi per incorporare gli elementi folkloristici nel nostro curriculum primario, al fine di migliorare la morale e l'etica dei nostri studenti.

1.3 Dichiarazione del problema

Gli studenti della scuola primaria stanno perdendo il treno delle conoscenze delle generazioni passate, oltre che la propria cultura. Molti ritengono che il divario tra le vecchie e le giovani generazioni sia sorprendente. Inoltre, è chiaro che la generazione più giovane non si preoccupa della cultura autoctona, che è in via di estinzione. A causa della moderna globalizzazione informatica e dell'aumento delle famiglie monofamiliari, che dividono i membri più anziani della famiglia, i bambini non hanno abbastanza tempo per conoscere gli elementi popolari (Family Lives, visitato il 2 marzo 2022).

Il numero di bambini che si iscrivono a scuola (in particolare alla scuola primaria) è in aumento. La maggior parte del tempo di uno studente viene trascorsa a scuola. Insegnanti, genitori e tutori costringono gli studenti a mantenere una distanza di sicurezza dagli elementi popolari per ottenere buoni risultati accademici, ottenere carriere di rilievo e vivere in città o all'estero. Negli ultimi anni, il tasso di promozione degli studenti dal SSC e HSC alla classe accademica successiva è stato elevato. Gli educatori, d'altro canto, sostengono che nel sistema educativo del Bangladesh manchi lo studio dell'etica e dell'educazione morale. Poiché i bambini trascorrono la maggior parte delle loro giornate a scuola, vi è l'opportunità di insegnare loro la morale e l'etica.

L'abisso che si crea in questo modo porta gli alunni a rifiutare la propria storia, tradizione e cultura a favore dell'accettazione di quelle degli altri. Questo ciclo è ancora in corso. Nella maggior parte dei casi, i genitori e gli insegnanti dei ragazzi sono preoccupati per il futuro dei loro figli, poiché questi studenti non hanno i valori, l'etica e gli atteggiamenti che la società e lo Stato richiedono. Di conseguenza, gli obiettivi nazionali e sociali sono in dubbio.

Gli elementi popolari dei bambini possono essere insegnati nelle scuole se c'è abbastanza tempo. Tuttavia, se non conoscono gli elementi popolari, la loro vita studentesca sarà incompleta. La cultura, il patrimonio, la tradizione, i valori sociali e morali sono tutti costituzionalmente protetti dal governo. In questa situazione, lo studio di questo argomento richiede una maggiore cura e attenzione.

1.4 Razionale della ricerca

Ogni società si aspetta che le persone possiedano virtù ed etiche sociali, culturali, religiose e morali, senza le quali non sarà in grado di raggiungere l'armonia sociale, accettare la diversità, il rispetto per le altre culture, la tolleranza e la sicurezza, e la continua riproduzione del male potrebbe mettere a repentaglio i nostri obiettivi nazionali. L'istruzione è considerata un agente chiave della socializzazione delle società. Quando pensiamo a un'istruzione di qualità, la prima cosa che ci viene in mente è l'etica e i principi morali. Negli ultimi anni, abbiamo notato che i tassi di promozione agli esami degli alunni sono aumentati. Allo stesso tempo, professionisti dell'educazione e intellettuali hanno riscontrato una mancanza di moralità ed etica. Tuttavia, se questa tendenza continua, il governo non sarà in grado di produrre risorse umane qualificate, morali ed etiche, rendendo impossibile lo sviluppo. Senza un'istruzione di qualità, gli Obiettivi di Sviluppo Sostenibile (SDGs) saranno impossibili da raggiungere.

Le componenti popolari sono state oggetto di ricerche e saggi, ma poche di esse sono state collegate all'istruzione primaria. Allo stesso modo, anche se ci sono state molte ricerche sull'educazione, nessuna di queste ha esaminato il ruolo degli elementi folkloristici nell'educazione nel nostro Paese, nonostante la loro importanza.

Se si identificano gli elementi folkloristici nel curriculum dell'istruzione primaria del nostro Paese e si ha una chiara nozione e conoscenza di come gli elementi folkloristici si riflettono nel curriculum, si può adottare una nuova politica. I politici hanno l'opportunità di essere assistiti con informazioni, conoscenze e supporto intellettuale per affrontare le questioni sollevate sopra. Di conseguenza, questo studio è razionale e necessario.

1.5 Quadri teorici

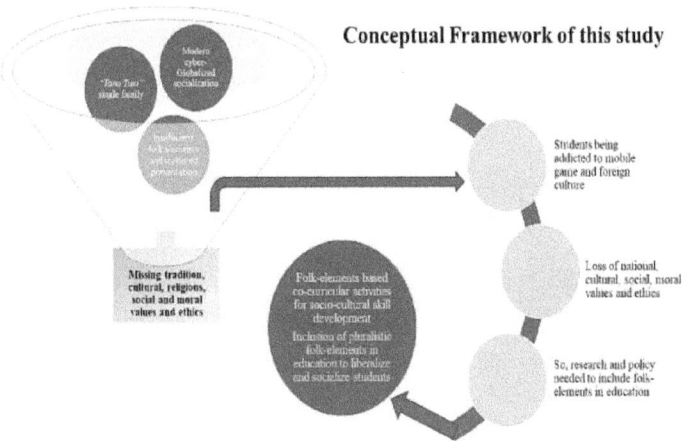

Questo studio propone un quadro teorico. In generale, questo quadro è appropriato per questa ricerca. Prima di entrare nel merito del quadro teorico, è fondamentale comprendere la terminologia su cui questo quadro è costruito.

Tona-tuni famiglia singola

Il concetto di famiglia nucleare, secondo Georgas et al. (2014), sembra essere estremamente chiaro: una madre, un padre e dei figli che vivono in un unico nucleo familiare. Noble (1995) ha affermato: *"Una famiglia nucleare consiste in una coppia eterosessuale stabile che si accoppia con i figli che possono aver avuto e che vivono ancora con loro".* Noble (1995) sostiene anche l'inclusione delle coppie senza figli e dei membri delle famiglie nucleari che mancano (a causa di divorzi, separazioni o decessi).

L'aumento delle famiglie monogenitoriali o nucleari è dovuto all'espansione delle opzioni educative e lavorative, all'emancipazione economica e politica dei membri della famiglia, alla consapevolezza sociale, alla scienza e alla tecnologia, all'urbanizzazione e all'industrializzazione (Samad, 2015). I conflitti domestici e i disaccordi tra i membri di una famiglia congiunta possono spesso portare allo sviluppo di famiglie monoparentali (Aziz, 1979). I genitori lavorano tutto il giorno sul posto di lavoro, lasciando i figli a casa o con la servitù, con la conseguente mancanza di cure sufficienti per i giovani (Boruah, 2017; Samad, 2015). Queste qualità sono richieste alle famiglie *tona-tuni* single/nucleari, secondo il concetto di famiglia nucleare degli autori.

- Queste famiglie hanno un numero minore di membri.
- Queste famiglie non hanno cittadini anziani.

Queste famiglie tendono a vivere nelle aree urbane del Paese e hanno pochi o nessun legame con i villaggi o le tradizioni socio-culturali.

A causa dell'assenza di membri anziani (nonni) e del limitato legame con il villaggio, si ritiene che i bambini provenienti da famiglie mono/nucleari in città non siano in grado di acquisire informazioni sufficienti sugli elementi popolari, sulla realtà socio-culturale e sui valori morali.

Globalizzazione informatica

Das (2001) afferma che *"la globalizzazione significa in generale operazioni economiche completamente libere attraverso i confini dei paesi, senza impedimenti da parte dei governi di un paese"*.

Suárez-Orozco & Suárez-Orozco (2006) affermano: *"La globalizzazione è strutturata da tre potenti formazioni interrelate: 1) la post-nazionalizzazione della produzione, della distribuzione e del consumo di beni e servizi - alimentata da livelli crescenti di commercio internazionale, investimenti diretti esteri e flussi del mercato dei capitali; 2) l'emergere di nuove tecnologie dell'informazione, della comunicazione e dei media che privilegiano il lavoro ad alta intensità di conoscenza e 3) livelli senza precedenti di migrazione a livello mondiale che generano significativi cambiamenti demografici e culturali nella maggior parte delle regioni del mondo".*

Nilson (2010) afferma: *"La globalizzazione si riferisce tipicamente al processo attraverso il quale economie e società diverse diventano più strettamente integrate e, in concomitanza con la crescente globalizzazione mondiale, sono state condotte molte ricerche sulle sue conseguenze"* (citato in Irani & Noruzi, 2011).

Elementi folkloristici nell'educazione: Nell'istruzione si possono trovare diversi elementi folkloristici. In generale, gli elementi folklorici aumentano la pratica nella/della lingua madre (Nhung, 2016; Hayran, 2017), rafforzano il potere analitico e immaginativo (Nhung, 2016; Amali, 2014; Stavrou, 2015), aumentano il rispetto per la diversità (Kim, 2009; Almerico, 2014; Deafenbaugh, 2015) e aiutano a mantenere buoni rapporti con la natura (Ahi, Yaya) (Amali, 2014). Questi aspetti, d'altra parte, hanno da tempo fornito ai giovani consigli, insegnamenti morali, conoscenze socioculturali, teologiche, storiche, tradizionali ed ecologiche, consigli e insegnamenti morali, oltre che intrattenimento (Stavrou, 2015). (Deafenbaugh, 2015; The Daily Star, 2018; Kim, 2009; Nhung, 2016; Hourani, 2015). Le feste popolari riuniscono le persone per promuovere l'armonia, la solidarietà e la pace (Kamilya, 2007, 30-37).

Descrizione della struttura: È una tendenza recente quella di rendere sempre più frequenti le famiglie monoparentali. Nella maggior parte dei casi, sia il marito che la moglie hanno un lavoro. I bambini non hanno abbastanza tempo da trascorrere con i genitori. Inoltre, non hanno accesso ad altri membri anziani della famiglia perché in queste famiglie mancano persone anziane come i nonni. A causa di questi fattori, i bambini di questo tipo di famiglie sono isolati e dipendenti da applicazioni mobili, televisori e computer.

In quest'epoca di globalizzazione informatica, i bambini sono diventati professionisti della navigazione mobile, dei giochi al computer e dei giochi cibernetici (online). A loro piace una varietà di spettacoli e giochi stranieri. I bambini passano il tempo guardando cartoni animati, programmi televisivi e giocando ai videogiochi sui loro dispositivi mobili. Sono attratti e abituati a culture diverse. La loro socializzazione li isola dalle norme, dai valori e dalla morale della società e in questa situazione non riescono ad apprendere la simpatia, l'empatia, il sacrificio, l'autocontrollo e altre virtù umane. Questi dispositivi hanno un impatto dannoso su alcuni di loro. I bambini perdono il contatto con la propria cultura e tradizione, nonché con i legami familiari, le tradizioni, le norme e i valori della società, le tradizioni nazionali e la cultura e la tradizione.

In questa circostanza, le istituzioni educative hanno l'obbligo di guidarli nella direzione giusta. La maggior parte del tempo di un bambino viene trascorsa nelle istituzioni educative. I valori nazionali, sociali, culturali, religiosi e morali saranno protetti dall'erosione se le istituzioni e le autorità educative adotteranno attività appropriate attraverso elementi popolari a questo proposito. Tuttavia, se non ci sono abbastanza elementi popolari, la retrocessione continuerà.

In sostanza, le conseguenze della famiglia singola Tona-Tuni, la globalizzazione di Internet e la mancanza di elementi folkloristici nella scuola faranno sì che i bambini vengano privati dei valori e dell'etica tradizionali, culturali, sociali, religiosi e morali. Di conseguenza, i bambini diventeranno dipendenti dai giochi mobili e dalla cultura straniera. I valori nazionali, culturali, sociali, morali ed etici finiranno per scomparire.

Per includere gli elementi folkloristici nell'istruzione, è necessaria una quantità significativa di ricerca e una politica eccellente.

Le attività co-curriculari basate su componenti folkloristiche e l'incorporazione di elementi folkloristici pluralistici nell'istruzione richiedono un'attenzione alla liberalizzazione e alla socializzazione degli alunni, nonché allo sviluppo delle loro capacità socio-culturali.

1.6 Definizione concettuale e operativa

Elementi folkloristici

Gli elementi folkloristici sono elementi importanti che possono essere utilizzati per identificare una comunità "folk".

La letteratura popolare, le credenze popolari, la tradizione popolare, le arti popolari, le feste popolari e altri fattori contribuiscono allo sviluppo della cultura popolare.

Istruzione primaria

Il sistema educativo del Bangladesh è classificato su una scala di quattro punti, secondo la National Education Policy del 2010. L'istruzione primaria è anche citata come "la base per lo sviluppo di una cittadinanza qualificata e la via per integrare l'intera popolazione nel sistema educativo". In Bangladesh, l'istruzione di base ha dieci obiettivi e finalità. Il Bangladesh ha aumentato la durata dell'istruzione di base dalla quinta all'ottava classe.

In questo studio, per istruzione primaria si intende la scuola materna fino alla quinta elementare.

Istruzione

La politica educativa nazionale del Bangladesh per il 2010 comprende 30 obiettivi principali.

Analogamente, secondo Aristotele l'educazione è il processo di sviluppo di una mente sana in un corpo sano. Migliora le capacità dell'uomo, in particolare la sua mente, in modo che possa godere della contemplazione della verità suprema, della gentilezza e della bellezza, che è l'essenza della beatitudine perfetta (cit. in NCERT, 2014).

Il Mahatma Gandhi ha detto: *"Per educazione intendo l'estrazione a tutto tondo del meglio del bambino e dell'uomo - corpo, mente e spirito"* (citato in NCERT, 2014).

Rabindranath Tagore ha detto: *"L'istruzione più alta è quella che non si limita a darci informazioni, ma rende la nostra vita in armonia con tutta l'esistenza""* (citato in NCERT, 2014).

Nell'*Oxford Dictionary of Synonyms and Antonyms* (ed. 2001), i sinonimi di education sono *"coaching, curriculum, enlightenment, guidance, indoctrination, instruction, schooling, syllabus, teaching, training, tuition""*.

Secondo Indrani (2012), l'istruzione sviluppa aspetti fisici, mentali e caratteriali, nonché la comprensione del comportamento sociale, la forza, il carattere e il rispetto di sé, oltre a fornire una piattaforma per il successo.

In questo studio, l'educazione è descritta come un metodo di socializzazione attraverso il quale i nuovi membri di una società acquisiscono caratteristiche sociali.

Morale, moralità, etica, valori

Morale (aggettivo di morale/moralità) è definito come "coinvolto con la bontà e la cattiveria del carattere o del comportamento, o con la differenza tra giusto e sbagliato".

Morale (aggettivo di morale/moralità) è definito come "interessato alla bontà e alla cattiveria del carattere o del comportamento, o alla differenza tra giusto e sbagliato" nel *Little Oxford Dictionary* (1998 eds.) Ethics è definito come "filosofia morale; (raccolta di) principi morali" in questo dizionario.

La morale è di natura sociale e viene insegnata e praticata in un contesto sociale.

Bhakta & Dutta (2013) affermano: *"La morale è lo standard accettabile di condotta o comportamento generale quando viene giudicata da una persona media o dalla società in generale. La morale rappresenta una sana sintesi tra le persone, che cooperano tra loro in modo armonico, comprendono la differenziazione giusta o sbagliata e creano una società basata sui valori. La morale è influenzata dalla famiglia, dalla società, dalla cultura e dai valori sociali, ecc.*

Nell'*Oxford Dictionary of Synonyms and Antonyms* (ed. 2001), i sinonimi di moralità sono *"comportamento, condotta, decenza, etica, ethos, equità, bontà, onestà, idee, integrità, giustizia, morale, principi, correttezza, rettitudine, rettitudine, rettitudine, scrupoli, norme, rettitudine, virtù""*.

La morale, secondo Sari (2013), riguarda molto di più il bene e il male ed è ampiamente accettata. D'altra parte, come dice Sari (2013), *"i valori sono il principio di base che influenza il comportamento umano"*.

In questa ricerca, morale, moralità, valori ed etica sono accettati come sinonimi.

Educazione del carattere, educazione ai valori

L'educazione morale/valoriale, secondo Indrani (2012), è un'educazione che armonizza le qualità spirituali, emotive, intellettuali, psicologiche e fisiche di un essere umano per formare una personalità olistica. Questa educazione si concentra sullo sviluppo di un senso del bene e del male e di un atteggiamento responsabile nei confronti degli altri.

***Tona-tuni* Famiglia singola**

Una famiglia singola è talvolta nota come famiglia nucleare.

Secondo Georgas *et al.* (2014), la definizione di famiglia nucleare sembra essere molto chiara: madre, padre e figli in un unico nucleo familiare.

Noble (1995) ha detto: *"Una famiglia nucleare è costituita da una coppia eterosessuale*

stabile che si accoppia con i figli che possono aver avuto e che vivono ancora con loro".
Noble ha anche insistito sull'inclusione nelle famiglie nucleari delle coppie senza figli e dei membri mancanti (a causa di divorzi, separazioni e decessi).

La globalizzazione

Das (2001) definisce la globalizzazione come un'attività economica completamente libera che attraversa i confini dei Paesi, senza impedimenti da parte dei governi.

Suárez-Orozco & Suárez-Orozco (2006) affermano che la globalizzazione si riferisce alla postnazionalizzazione della produzione, della distribuzione e del consumo e all'emergere di nuove tecnologie dell'informazione, della comunicazione e dei media.

Questa ricerca accetta la definizione di globalizzazione di Suárez-Orozco & Suárez-Orozco (2006).

CAPITOLO 2 : REVISIONE DELLA LETTERATURA

Secondo Tagore (2012), la letteratura popolare, che si può trovare in tutto il Paese, ha una sua permanenza. Le rime sono manifestazioni umane del pensiero e del linguaggio, e questo tipo di letteratura popolare manca di relazioni interne. Le rime sono create esclusivamente dall'immaginazione umana, senza alcuna intenzione di introdurre qualcosa di nuovo. Questo stile letterario non è in grado di aderire a nessuna norma, poiché non è abituato a seguirla e preferisce evolversi secondo i propri desideri. Le rime non devono avere una certa dimensione o un certo limite mentale e non devono trasmettere gli eventi in un ordine particolare. Le rime generano un'immagine creata dall'uomo che non è né giusta né sbagliata. I bambini sono condizionati a pensare e vedere in modi diversi da quelli degli anziani e non sono vincolati da alcuna regola; il mondo immaginario che abitano è il più autentico per loro. Per questo, nel loro mondo visivo, tutto è possibile. Lo scopo di queste filastrocche è quello di far divertire i bambini.

Rabindranath Tagore dichiarò che le rime erano "proprietà nazionale" e insistette nel raccoglierle perché stavano scomparendo a causa dei cambiamenti sociali e della letteratura scritta. Era affascinato da queste rime e le raccolse da varie località periferiche del Paese. Le ha incluse anche in questo libro, il che è molto significativo. Il libro di Tagore fa una proposta obliqua di includere la letteratura popolare e altri elementi popolari.

Il Palli Sahitya, secondo Shahidullad (1938), ha ricevuto poca attenzione nonostante sia presente in tutta l'area. La vasta quantità di questa letteratura avrebbe potuto essere conosciuta se fosse stata raccolta e pubblicata. I racconti popolari, i proverbi, le tradizioni e le filastrocche sono di proprietà collettiva di tutte le persone. Un tempo, questa letteratura forniva divertimento e guida a tutti i membri. Oggi, però, i genitori insegnano ai figli la letteratura straniera, contribuendo al declino del palli sahitya. Secondo l'autore, non c'è alcuna distinzione tra le fiabe in Bangla e quelle straniere. La ricchezza del Palli Sahitya nel passato e il suo valore sono discussi nell'articolo di Shahidullah. Inoltre, l'articolo evidenzia come questo tipo di letteratura sia stato danneggiato e come si possa evitare questo danno, rendendolo accettabile. L'esistenza e il valore del Palli Sahitya nell'educazione e nella classe avrebbero potuto essere trattati in modo più approfondito in questo articolo.

Almerico (2014) ha esplorato il modo in cui la letteratura potrebbe essere inclusa nel curriculum per aiutare i giovani a sviluppare tratti caratteriali positivi. L'autore ha definito il carattere in termini di diversi tratti caratteriali che sono apprezzati da persone di diverse origini e opinioni. Le scuole svolgono un ruolo essenziale nello sviluppo sociale ed emotivo dei bambini. I temi dell'educazione al carattere vengono insegnati nel contesto della letteratura, quindi la letteratura per ragazzi è fondamentale a questo proposito. Rispetto, onestà, audacia, gentilezza e altri attributi caratteriali sono parti reali e interessanti del loro ambiente sociale, secondo la letteratura per studenti. La valutazione dell'autore su come la letteratura per l'infanzia possa essere incorporata nei programmi di educazione al carattere è particolarmente lodevole perché riconosce implicitamente la rilevanza della letteratura per l'infanzia. Tuttavia, la portata dell'articolo avrebbe potuto essere ampliata se fossero stati citati tutti gli elementi folklorici con la letteratura per l'infanzia, poiché la letteratura per l'infanzia è solo una piccola parte degli elementi folklorici.

Pires (2011) ha proposto una soluzione a un dilemma in cui sia la letteratura per l'infanzia che quella classica hanno la capacità di aiutare le persone a creare la propria identità. Poiché l'identità nazionale è una questione politica e la scuola e l'educazione sono impiegate per creare strutture e funzioni sociali unitarie, le nazioni, come le culture dominanti, si sforzano di creare un'identità "migliore" che etichetta gli altri come "peggiori". L'autore ha affrontato la storia della lotta del Portogallo contro i mori (la loro rappresentazione di arabi e musulmani) nel XII secolo, dimostrando come le guerre e le narrazioni reali si siano evolute in miti, leggende e altre tradizioni orali tradizionali. Tuttavia, la società odierna è multiculturale e accoglie le differenze. In questo caso, l'autrice ritiene che i libri che rappresentano valori negativi sulle minoranze non debbano essere esclusi, ma che si debbano sollevare le questioni relative alla prospettiva rappresentata e che gli insegnanti creino una situazione in cui il ruolo dei gruppi dominanti e di quelli dominati sia invertito. Poiché i bambini costruiscono continuamente la loro personalità e la letteratura dà forma a tutti i valori, la gestione della diversità nell'educazione farà apprezzare la diversità. In questa situazione, il ruolo dell'insegnante nel mediare questi testi è cruciale per rendere la comprensione della tradizione, della narrazione e della leggenda e il processo di lettura un equilibrio. In questo modo, la letteratura rimarrà come patrimonio culturale nazionale, ma aiuterà i bambini a conoscere altre culture e la diversità culturale grazie alle prestazioni degli insegnanti. Pires (2011) offre alcuni eccellenti suggerimenti per mantenere neutrale l'immaginazione dei bambini in una società globale e diversificata. L'autrice si è concentrata sulla letteratura per l'infanzia, ma molti altri elementi popolari (arte popolare, musica popolare e danza popolare, per esempio) possono essere studiati allo stesso tempo.

Secondo Ediger (2002), i libri della biblioteca per bambini migliorano le loro capacità di lettura, poiché leggono più libri della biblioteca che libri di testo e li apprezzano. L'autore di questo saggio era alla ricerca di narratori. L'autore desidera che gli studenti comprendano l'uso dell'immaginario nella letteratura, vedano le immagini proposte dall'insegnante e si esercitino nell'uso dell'immaginario. La caratterizzazione dei personaggi, l'ambientazione della narrazione, la trama della storia, il punto di vista di chi racconta, il tema della storia e l'ironia della storia o del romanzo sono tutti elementi significativi della letteratura per ragazzi, che l'autore vuole che gli studenti comprendano e riconoscano. Secondo l'autore di questo articolo, questi fattori dipendono dalla motivazione degli studenti a raggiungere obiettivi di apprendimento realistici, dalla considerazione dell'intelligenza di ciascun alunno nel programma di letteratura, dalla possibilità per gli studenti di leggere le selezioni con gli altri in un circolo letterario e dal senso di scopo degli studenti durante la lettura di una particolare selezione. Gli alunni hanno a disposizione una varietà di opzioni per esprimere ciò che hanno imparato dalla lettura, comprese le discussioni con l'insegnante. Nel discutere la letteratura per l'infanzia, l'autore ha fornito una breve panoramica e una definizione dei vari generi di letteratura per l'infanzia, che può aiutare gli altri a comprendere meglio il valore della letteratura per l'infanzia. Tuttavia, l'importanza dei libri per bambini non è stata affrontata in questo articolo. Inoltre, non è stato fatto alcun riferimento alla letteratura per l'infanzia o ai temi popolari in classe.

Secondo Stavrou (2015), la letteratura popolare, insieme ad altri fattori distintivi, forma l'identità culturale dei bambini, consciamente o inconsciamente, e questa identificazione influenza la loro personalità. I bambini di età compresa tra i 6 e i 12 anni subiscono molti cambiamenti biologici e cognitivi, oltre a gruppi di pari che plasmano la loro identità. La letteratura popolare trasmette il patrimonio comune di ideali e simboli di una nazione, nonché la sua esperienza storica.

I miti hanno un ruolo nella creazione di valori, morale, bellezza e senso del benessere, tra le altre cose. I racconti popolari descrivono la crescita dei valori, le tendenze dello stile di vita e il trionfo del bene sul male. Le canzoni popolari rimandano a eventi e costumi storici o preistorici. I proverbi sono ancora usati nell'educazione, nella politica e nei discorsi intellettuali per esprimere la conoscenza e l'inventiva popolare. Le leggende riflettono il potere dell'immaginazione. Tutti questi generi di letteratura popolare hanno un impatto sulla coscienza comune. I racconti popolari, le favole, gli indovinelli, i proverbi e i detti popolari si trovano tutti nei libri di testo della scuola primaria greca e nei programmi prescolastici, e tutti questi tipi di letteratura popolare svolgono un ruolo importante nella trasmissione dei miti d'origine, delle memorie storiche e delle differenze culturali, secondo l'autore.

Nonostante il sostegno del Bangladesh agli Obiettivi di Sviluppo del Millennio, il Consorzio per la Ricerca sull'Educazione, l'Accesso, le Transizioni e l'Equità (2008) ha riscontrato che molti bambini rimangono esclusi dall'istruzione primaria e secondaria in molti modi, a causa dei vincoli finanziari e della necessità di pensare in modo strategico, del basso status socio-economico delle famiglie dei bambini e del lavoro minorile. D'altro canto, molti alunni non riescono ad avanzare perché non soddisfano i requisiti minimi. Data l'importanza degli elementi folkloristici nel rendere l'istruzione interessante, piacevole e semplice (Nhung, 2016; Amali, 2014; Lee, 2016; Stavrou, 2015; Ediger, 2002; Uzir, 2008 citato in Doley, 2014; Hourani, 2015; Hayran, 2017; Celik, 2018; The Daily Star 2018), la mancanza di elementi folkloristici nell'istruzione primaria e secondaria nell'aumentare l'abbandono scolastico nella scuola primaria e secondaria doveva essere affrontata nell'articolo. L'articolo di sintesi, d'altra parte, manca di una considerazione del rapporto tra l'istruzione e altre questioni (come i valori sociali, culturali e religiosi, l'etica e la morale).

Deafenbaugh (2015) ha descritto come la conoscenza della comunità (come i canti, i rituali e le informazioni della comunità) sia utilizzata per insegnare agli studenti al di fuori degli edifici scolastici. Poiché gli studenti hanno già una conoscenza di questi testi culturali, l'educazione alla cultura popolare può incorporare letteratura, musica e arte di una varietà di gruppi culturali per l'insegnamento. L'educazione folkloristica favorisce l'accettazione della diversità e aiuta a formare le caratteristiche culturali di un gruppo in una società multiculturale. Inoltre, aiuta a comprendere il contesto della pratica. Le registrazioni di musicisti locali, le opere d'arte e le versioni scritte di storie raccontate localmente dalle istituzioni comunitarie possono essere fotografate o donate agli insegnanti, come indicato dall'autore. Anche i familiari degli studenti possono essere ottimi fornitori di informazioni sulla comunità. L'autore suggerisce anche di invitare i membri della comunità nelle classi e di far visitare agli studenti la comunità, di assistere agli eventi e di intervistare i membri della comunità. È positivo che l'autore abbia riconosciuto il valore della conoscenza della comunità e abbia consigliato agli studenti di imparare a conoscerla invitando i membri della comunità nelle classi e portando gli studenti nelle comunità per un apprendimento pratico come parte delle attività accademiche co-curriculari. Tuttavia, l'autore ha trascurato numerosi elementi popolari.

Secondo Penjuree (2005), l'educazione moderna si limita a influenzare le capacità cognitive, linguistiche e professionali e a promuovere principi pluralistici ed egualitari. L'educazione moderna raramente trasmette importanti valori culturali e sociali, saggezza, conoscenze indigene e tradizioni. Le quattro funzioni principali dei racconti popolari bhutanesi sono: 1) servono come strumenti di insegnamento per le vecchie generazioni nell'instillare i valori sociali, le responsabilità e le istituzioni sociali nelle nuove generazioni; 2) diventano strumenti di intrattenimento e di comunicazione comuni per i bhutanesi; 3) servono come depositi di cultura e valori; 4) soddisfano i bisogni spirituali dei bhutanesi perché molti di essi derivano da testi buddisti, pellegrini e altre figure religiose. I racconti popolari bhutanesi descrivono anche la società e la struttura sociale del Paese, nonché le attività tradizionali dominanti come il commercio del bestiame. L'autore ha suggerito di archiviare e documentare questi racconti popolari, di promuoverli attraverso i media e di includerli nei programmi scolastici per preservarli. Il tema dei folktales e dell'educazione è particolarmente lodevole, in quanto approfondisce il tema dei folktales nei libri di testo e nei programmi scolastici.

Secondo Nhung (2016), le fiabe popolari rappresentano un modo olistico di insegnare la lingua (in particolare l'inglese), poiché rendono piacevole l'apprendimento, insegnano un vocabolario basato sul contesto e forniscono informazioni culturali. I racconti popolari sono fondamentali per instillare valori ed etica nei giovani, perché insegnano la distinzione tra bene e male, così come la morale della punizione per il cattivo lavoro e della ricompensa per il buono; di conseguenza, i racconti popolari hanno svolto un ruolo importante nel loro sviluppo intellettuale. I racconti popolari sono stati scelti per 23

L'autore ha descritto l'importanza delle fiabe folcloristiche nel curriculum linguistico dei giovani studenti perché sono divertenti e piacevoli, forniscono un input significativo e realmente comprensibile, un vocabolario ricco e una conoscenza culturale, e favoriscono l'immaginazione e l'uso del linguaggio metaforico. Come molti altri scrittori, l'autore ha descritto l'importanza e le qualità dei racconti popolari. I racconti popolari, d'altra parte, sono visti come un approccio all'insegnamento di una lingua straniera piuttosto che come un metodo di insegnamento. Inoltre, l'inclusione dei folktales nelle scuole elementari e/o nelle classi, così come il significato dei folktales nello sviluppo della morale e dei valori, non sono stati ampiamente discussi. Anche la realtà del Bangladesh è stata travisata nel rapporto.

Hourani (2015) ha individuato la necessità di costruire la letteratura per l'infanzia (come i folktales) nell'alfabetizzazione dei bambini degli Emirati Arabi Uniti (AUE) in un contesto in cui il Presidente degli Emirati Arabi Uniti, Khalifa Bin Zayed Al Nahayan, ha dichiarato il 2008 l'anno dell'identità e del patrimonio nazionale e uno degli obiettivi del Ministero della Cultura, della Gioventù e dello Sviluppo della Comunità è stato quello di preservare il patrimonio emiratino e di rafforzare l'interdipendenza e la solidarietà dei suoi membri attorno a un insieme di valori. I racconti popolari rappresentano norme sociali, ideali morali e diritti civici. Studiando, raccogliendo, scrivendo e drammatizzando il folklore, gli studenti possono conoscere la propria storia culturale e trasferirla. I racconti popolari uniscono la cultura e la tradizione popolare a discipline e abilità accademiche come l'alfabetizzazione, il teatro, la musica e gli studi sociali. La Hourani ha posto maggiore enfasi sui racconti popolari rispetto ad altri elementi folcloristici quando ha raccomandato di includerli nel curriculum. La sua discussione, d'altra parte, omette la ricerca di elementi folcloristici nelle classi e nei curricula attuali. Infine, il suo articolo si concentra sull'AUE piuttosto che su altri Paesi.

Secondo Hayran (2017), la percentuale di proverbi nei libri per bambini turchi è insufficiente, nonostante il fatto che essi (i proverbi) aumentino il vocabolario dei bambini. Un ragazzo che non ha familiarità con un proverbio può avere difficoltà a comprenderlo, motivo per cui i proverbi non sono inclusi nei libri per bambini. I due problemi principali nella traduzione di proverbi e modi di dire da una lingua all'altra sono: 1) le differenze tra le lingue e le loro strutture linguistiche; 2) la rapida migrazione dalle aree rurali a quelle urbane, l'urbanizzazione e l'industrializzazione, perché proverbi e modi di dire sono culturalmente legati. In questo scenario, Hayran (2017) ha suggerito che gli scrittori enfatizzino la fedeltà linguistica nei libri per bambini, che i libri per ragazzi studino proverbi e modi di dire e che gli insegnanti leggano libri che riflettano la terminologia turca. Nonostante l'autore di questo articolo abbia svolto un'indagine approfondita sull'esistenza di proverbi e modi di dire nei libri per bambini, ha prestato poca attenzione all'uso di proverbi e modi di dire nelle attività in classe e allo sviluppo della morale e dei valori degli studenti. Oltre ai proverbi e ai modi di dire, l'autore non ha prestato attenzione ad altri elementi popolari. Infine, questo materiale si basa sulla realtà turca e quindi non si applica al Bangladesh.

Secondo Khan, Ebney e Haque (2014), il Bangladesh manca di risorse umane adeguate a causa della mancanza di un'istruzione e di una formazione adeguata. Questa sfida può essere risolta creando una società basata sulla conoscenza. Il Bangladesh ha compiuto buoni progressi nell'aumentare le iscrizioni alla scuola elementare. I tassi di abbandono scolastico sono esacerbati dalle basse ore di lezione, dalla scarsità di insegnanti istruiti e competenti e dalla struttura educativa tradizionale. Nonostante il significativo aumento delle percentuali di superamento degli esami per il conseguimento del Certificato di Scuola Secondaria (SSC) e del Certificato di Scuola Secondaria Superiore (HSC) negli ultimi anni, la qualità dell'istruzione secondaria e superiore rimane insoddisfacente a causa della mancanza di infrastrutture fisiche, della mancanza di un pensiero pedagogico moderno tra gli insegnanti, della mancanza di uno spazio adeguato per il pensiero creativo degli studenti e della mancanza di opportunità di apprendimento pratico nel corso di scienze, tra gli altri elementi.

L'istruzione primaria è nota per essere il fondamento dell'istruzione superiore (National

Education Policy, 2010) e gli autori hanno riscontrato la mancanza di un sistema scolastico basato sugli elementi popolari nell'istruzione primaria nel sistema educativo del Bangladesh. L'articolo afferma che l'apprendimento dei valori morali, umanitari, religiosi, culturali e sociali da parte degli studenti, così come l'apprendimento che garantisce il loro contributo allo sviluppo socio-economico della nazione, rappresentano la qualità dell'istruzione. Gli elementi popolari sono cruciali nello sviluppo dei valori morali, culturali, religiosi e sociali e dell'etica (Ahi, Yaya & Ozsoy, 2014; Deafenbaugh, 2015; Kim, 2009; The Daily Star, 2018; Penjore, 2005; Hayran, 2017; Hourani, 2015; Doley, 2014; Ediger, 2002; Stavrou, 2015; Amali, 2014; Nhung, 2016), è stato necessario specificare l'incorporazione degli elementi folkloristici nell'istruzione (primaria) per garantire l'apprendimento dei valori morali e socioculturali da parte degli alunni.

Doley (2014) ha testato in un articolo la funzione dei racconti popolari della comunità Mising nello Stato di Assam, in India, nel creare ideali morali tra i bambini e ha scoperto che le studentesse del gruppo sperimentale avevano una crescita morale superiore a quella delle studentesse del gruppo di controllo. Anche i punteggi medi dei bambini rurali del gruppo sperimentale sono più alti di quelli del gruppo di controllo. I punteggi dei valori morali degli studenti urbani e rurali del gruppo sperimentale, nonché degli studenti HSES e LSES del gruppo di controllo, non sono significativamente diversi. L'Autore ha affermato di includere i Folktales di Mising nel curriculum scolastico perché hanno valori morali.

Il desiderio dell'autrice di includere le fiabe popolari scomparse nei programmi scolastici è lodevole. Tuttavia, poiché tutti gli Stati hanno obiettivi nazionali e contesti storici, economici, sociopolitici e religiosi diversi, le fiabe popolari scomparse sono applicabili solo nell'Assam. Il suo articolo salta anche altri elementi folkloristici nella scuola primaria e nelle classi.

Sharif (2015) ha rilevato che le madri delle zone rurali preferiscono le attività accademiche a quelle ludiche (che comprendono il gioco con le bambole/giocattoli, i giochi competitivi come il calcio, il cricket e la corsa, i giochi di movimento, la cucina, la raccolta di foglie dagli alberi di banano, la costruzione di oggetti con il fango e il lancio in uno stagno, la danza e l'uso del Sari, il ruolo di venditori, compratori e contadini e così via) e ha etichettato alcune di queste attività ludiche come "gioco dannoso". Le madri non possono lasciare il villaggio a causa del sistema sociale del villaggio e preferiscono che i loro figli giochino in casa (sul balcone, nello spazio aperto di fronte alla casa o sotto un albero) piuttosto che all'esterno, poiché spesso sono i compagni di gioco dei loro figli di 3-5 anni.

Ahi, Yaya e Ozsoy (2014) hanno esaminato 15 fiabe popolari di nove culture diverse per vedere come consideravano i concetti di natura e ambiente e hanno scoperto che sette di esse trattavano delle interazioni uomo-natura, tre del comportamento negativo verso la natura, due della natura e una della vita naturale. Anche la maggior parte delle fiabe popolari di tutto il mondo non contiene elementi come città, automobili o case, sono raccontate dai genitori, dai nonni e da altri membri della famiglia e sono fondamentali per lo sviluppo sociale, emotivo e cognitivo dei bambini. I bambini devono essere esposti fin da piccoli a fiabe, storie e immagini a tema ambientale e naturale per sviluppare atteggiamenti sani nei confronti della natura, ed è per questo che l'Autrice ha cercato l'attenzione di autori ed editori per pubblicarne altre. Come hanno dimostrato Ahi, Yaya e Ozsoy (2014), c'è un'enorme opportunità di esaminare molti altri libri per bambini sui folktales e altra letteratura orale, e in Bangladesh gli elementi folkloristici e il loro valore devono essere esaminati nell'istruzione primaria. Tuttavia, l'autore potrebbe aver incorporato altri elementi folkloristici in questo articolo.

Amali (2014) ha studiato il ruolo dei racconti popolari nell'educazione dei bambini, analizzando queste letterature orali tradizionali e le loro tre categorie: 1) i racconti morali Idoma, che si concentrano principalmente sull'instillazione di comportamenti morali e buone attitudini; 2) i racconti dilemmatici Idoma, che pongono problemi agli ascoltatori e li incoraggiano a esaminare intellettualmente le questioni sollevate; e 3) i racconti eziotogici Idoma, che spiegano perché le cose nella storia accadono nel modo in cui accadono. Secondo l'autore, i racconti popolari possono essere utilizzati per educare i giovani perché sono stati a lungo utilizzati come strumenti didattici in molte comunità tradizionali. Questi racconti non solo insegnano i valori e i costumi tradizionali, ma offrono anche divertimento e hanno una buona influenza sugli alunni. Lo studio dell'autore si è basato su una civiltà orale africana, ma può essere applicato a qualsiasi società, come quella del Bangladesh, dove la scolarizzazione formale è più diffusa.

Karaz (2018) ha analizzato l'evoluzione e gli sviluppi della letteratura per l'infanzia in

Turchia nel corso del tempo. Nell'era pre-islamica, ha scoperto la letteratura popolare orale come l'epica, il racconto, la ninna nanna, la leggenda, la storia popolare, la favola e altre che portavano con sé la cultura nomade. In quel periodo produsse l'epopea di Oghuz Khan e le Storie di Dede Kortut, una nota opera sull'educazione dei bambini. In seguito, Yusuf Has Hacib (1017-1077) pubblicò Kutadgu Bilig, un'opera di consulenza, e lo studioso Gazzali scrisse Eyyuhel Veled, un libretto. Sebbene prima la letteratura per l'infanzia fosse orale, si è evoluta durante l'ultimo periodo dell'Impero Ottomano, con lo sviluppo dell'interazione con l'Occidente. In questo periodo il sistema educativo fu influenzato da persone istruite provenienti da altri Paesi ed emerse il concetto di "bambino come essere prezioso". Gli scrittori di quest'epoca (l'era dell'innovazione) cercarono di descrivere il mondo come pieno di meraviglie, fantasie e verità mai viste prima. Spettava alle scuole insegnarle. In quest'epoca cominciarono ad apparire periodici per bambini e Mehmet Senseddin fu il primo a pubblicare giornali e riviste per bambini per conto proprio. La traduzione iniziò durante l'era della riforma Tanzimat e continuò fino al 1908. (talvolta nota come secondo periodo della monarchia costituzionale). Tuttavia, l'avanzamento e il miglioramento della letteratura per l'infanzia furono più visibili durante il Secondo Periodo Mesrutiyet. Con la Rivoluzione letteraria del 1° novembre 1928, la letteratura per l'infanzia si è affermata e ha iniziato a soddisfare le loro esigenze. Per insegnare la letteratura ai bambini sono necessari nuovi valori e una nuova struttura. Molti autori, poeti e romanzieri famosi iniziarono a scrivere per i bambini. Attraverso il suo lavoro nel mondo accademico e nella pubblicazione di riviste, Fatih Erdogan ha dato un contributo significativo al mondo della letteratura per l'infanzia. L'autore ha scoperto che la letteratura per l'infanzia in Turchia è cambiata e si è sviluppata, e che ha raggiunto il suo apice grazie all'impegno accademico e alla distinzione nel collezionismo. Nonostante l'ampia discussione dell'autrice sull'evoluzione e gli sviluppi della letteratura per l'infanzia turca, la letteratura orale ha ricevuto la minore attenzione La letteratura turca per l'infanzia comprende racconti folcloristici, fiabe, leggende e altre storie che non sono state elencate. Inoltre, in questo saggio è stata rappresentata solo la realtà della Turchia e non quella del Bangladesh.

Secondo Kim (2009), i racconti popolari sono "speciali" e "distinti" da altri generi di narrativa letteraria perché sono legati alle tradizioni e alla cultura, servono come strumento per educare i bambini e permettono ai ragazzi di vivere avventure. L'autrice ha riconosciuto i vari benefici educativi dei folktales e ha raccolto 27 folktales per bambini provenienti da 11 Paesi del Sud-Est asiatico e dalla Corea, tra cui fiabe, racconti alti, racconti di truffatori, miti e leggende. I racconti popolari insegnano ai bambini gli atteggiamenti, le credenze, le pratiche, le tradizioni e i valori comuni, oltre ad accrescere la loro consapevolezza e il loro rispetto per le varie culture. . La rappresentazione del folklore come un pezzo unico di finzione letteraria è estremamente lodevole, così come la spiegazione del suo ruolo. Il suo articolo, tuttavia, è privo di una considerazione sulla presenza e sul significato dei folktales nelle classi e/o nell'educazione. In questo articolo, l'autrice avrebbe potuto esplorare anche altre componenti popolari o dare altri suggerimenti.

elic (2018) ha scoperto che, nonostante riflettano il lato ritmico, fluente e musicale della lingua, così come l'inclusione di emozioni universali e l'amore per la lingua madre, il rapporto approssimativo tra la tradizione e il mondo contemporaneo è visibile nell'era della comunicazione e dell'industrializzazione del XXI secolo, a causa delle idee illuministiche (democrazia, uguaglianza, libertà, genere sociale ecc.). Ha fornito valutazioni e suggerimenti su come le fiabe popolari turche potrebbero essere introdotte nel mondo moderno utilizzando metodi di revisione e analisi dei documenti. Ha proposto di trasferire i contenuti della cultura popolare a strumenti di comunicazione audio e visivi, di utilizzare le storie della gente in contesti educativi, di trasformare il lato negativo dei folktales in un lato positivo quando li si racconta ai bambini, di impegnarsi a livello sociale, di politiche culturali nazionali e di produrre cultura popolare in vari rami dell'arte. Le raccomandazioni del saggio di Celic sono molto pratiche perché si basano su una verità: il patrimonio popolare viene trascurato nell'era dell'informazione e dell'industrializzazione. Nonostante l'autore abbia parlato di "tradizione", si è concentrato sui racconti popolari e ha ignorato altri tipi di tradizione e di elementi popolari.

Secondo Lee (2016), le fiabe popolari e altri racconti mitici simili al folklore sono storie morali necessarie presentate dai genitori/anziani ai giovani per educarli e intrattenerli. I racconti popolari erano più importanti e influenti nell'epoca pre-moderna, perché non esistevano i mass media, la radio, la televisione, i dispositivi elettrici, i film o la letteratura a disposizione della gente comune. I racconti popolari non solo insegnano ai bambini lezioni morali, ma trasmettono anche la lingua madre, compresa la sua struttura, la sua pronuncia e il suo vocabolario alla generazione successiva. Nonostante il fatto che i racconti popolari svolgano un ruolo importante nello sviluppo dei valori e della morale dei bambini, l'autore non tratta le componenti popolari nell'educazione (specialmente nella scuola di base) o nelle classi. Poiché l'istruzione primaria viene indicata come la base per l'istruzione secondaria e superiore, questo argomento potrebbe essere stato trattato.

Chakrabarty (2009, 54-60) distingue tra cultura popolare urbana e rurale. La cultura popolare urbana non è tradizionale e non si basa sull'emozione di un luogo circoscritto. I sostenitori della cultura popolare urbana non sono agricoltori e non hanno un legame diretto con la natura. L'autore ha utilizzato esempi per dimostrare come si è sviluppata la cultura popolare urbana e le distinzioni tra cultura popolare urbana e rurale. Tuttavia, l'articolo non si sofferma su cosa si dovrebbe fare per preservare la cultura popolare urbana. Secondo Ahmed (2012), la cultura popolare è naturale, basata sulla natura, abituale, di base, basata sull'esperienza, non testuale e orale. Molti elementi folkloristici vengono tramandati di generazione in generazione e le persone si esibiscono in gruppo. Gli abitanti dei villaggi, in generale, non desiderano cambiare il loro stile di vita e gli abitanti dei villaggi che dipendono dall'agricoltura hanno pochi contatti con la politica e con il mondo in cui non vivono, pertanto la cultura popolare è rimasta costante. A causa della riluttanza della gente a lavorare duramente, della loro dipendenza dalla natura per vivere e della loro vulnerabilità alle calamità naturali, la maggior parte della cultura tradizionale del Bangla si è formata intorno alla religione. Le arti popolari sono nate dall'esigenza di soddisfare le necessità di base della gente. Le arti popolari rappresentano la visione del mondo che comprende le persone e gli oggetti che usano nella loro vita quotidiana.

Secondo Kamilya (2007), il Kothokota era l'unico luogo in cui questi lavoratori giornalieri e analfabeti potevano trovare spiritualità, educazione morale e intrattenimento. Il Kothok veniva raccontato nella sua lingua madre. Gli si richiedeva un'eccellente capacità di pronuncia, ascolto e memoria. Nonostante fosse un'occupazione nell'antico bengala, oggi è in via di estinzione a causa della sete di denaro delle persone e della pletora di programmi di intrattenimento e commedia in televisione e altri dispositivi elettronici. Sebbene Kamilya (2007) discuta l'importanza del Kothokota nel fornire consigli morali e divertimento, in questo articolo non viene menzionata la sua esistenza nelle scuole elementari, nelle classi o nei programmi di studio. Inoltre, l'autore non ha formulato alcuna raccomandazione per incorporare questo elemento folkloristico nella scuola primaria.

Secondo Murshid (2006), la cultura bangalese si basa sull'agricoltura di villaggio. Anche nel XXI secolo, la maggior parte delle persone vive nei villaggi. Il popolo bangalese ha sempre amato le canzoni, ma non ha mai scritto delle loro origini o della loro evoluzione cronologica. L'influenza della religione sulle canzoni del popolo bangalese è innegabile. I canti popolari del Bangla sono regionali, poiché le diverse religioni regnano sovrane nelle varie parti del Paese. Secondo l'autore, la musica del Bangla ha sviluppato il suo suono, il suo ritmo e la sua struttura definita dopo la nascita delle canzoni del Bangla. La maggior parte della musica antica e degli strumenti musicali utilizzati nella musica indigena sono stati salvati. Nell'antico Bengala esistevano canzoni popolari, proprio come oggi, e il ragini bhatiyali era menzionato nel Charyapad. Sree Chaitanyadev trasmetteva verità religiose attraverso le canzoni keertan, che in seguito si sono evolute in un genere musicale. In seguito, le melodie keertan furono mescolate con la musica popolare bangla. Queste canzoni non avevano un tema specifico. Le canzoni pnachali guadagnarono popolarità nello stesso periodo e gli esecutori divertivano il pubblico inserendo narrazioni, recitazioni, drammatizzazioni e altri elementi, oltre agli effetti delle canzoni popolari. La musica popolare ebbe un grande impatto anche sulle canzoni Ramprashadi. Le canzoni Baul sono i migliori esempi degli effetti della musica folk e delle canzoni keertan. La canzone Ramnidhi Gupta Toppa, le canzoni dhop, le canzoni keertan, le canzoni pnachali, le canzoni kheor e le canzoni torja erano tutte considerate "oscene" perché non erano influenzate dalla religione. Le canzoni kabigaan sono nate nelle aree circostanti Kolkata e hanno deliziato i neo-aristocratici dopo il loro arrivo. La popolarità delle canzoni country locali è cresciuta dopo la divisione del Bangladesh in base alla religione nel 1947. Le tradizioni folkloristiche si trovano in tutto il Paese. La gente ha costruito l'arte popolare con materiali facilmente reperibili per soddisfare le proprie esigenze e creare bellezza. L'arte popolare comprende terra, legno, canna, bambù e una varietà di altri materiali. Il legno viene utilizzato per porte, finestre, palanchini, casse e altri oggetti perché è più resistente del bambù e delle canne. Le persone prediligono gli oggetti realizzati in bambù e canne perché sono meno costosi di quelli realizzati in legno. Nonostante sia stato trasformato in un prodotto per soddisfare la domanda, le sue caratteristiche di base non sono cambiate. Sebbene le arti siano utilizzate in molte occasioni religiose, vengono utilizzate anche prima dei matrimoni, delle cerimonie nuziali e delle festività nazionali, e questo è diventato un simbolo di neutralità. Mentre parlava degli aspetti folkloristici del Bangali, parlava anche di società, religione, politica, lingua e letteratura, dimostrando l'ampiezza del suo lavoro. Ma vale la pena notare che era più interessato alla storia che al folklore. Nonostante il fatto che l'educazione fosse uno dei temi principali del suo libro, non esaminò il rapporto tra gli elementi folkloristici e la scolarizzazione. In quest'opera, sostiene che i bangalesi non hanno sviluppato un'etica. Data l'importanza degli elementi folklorici nello sviluppo dell'etica e dei valori (Stavrou, 2015; Lee, 2016; Amali, 2014), era necessario discutere l'inadeguatezza degli elementi folklorici come causa del sottosviluppo etico dei bengalesi.

Islam (2007) afferma che le feste popolari sono associate alla storia, alla tradizione, agli incontri e alla cultura del popolo bangla quando si parla di feste bangla, usanze popolari, fede popolare e feste religiose. Gli uomini non hanno bisogno di studiarli per impararli e vengono trasmessi loro dai padri. Ogni festa popolare del Bangla ha i suoi obiettivi, date, incontri, luoghi, regole di abbigliamento, abitudini alimentari, rituali religiosi e feste culturali. Queste feste servono come piattaforma per lo scambio culturale e sociale, come fonte di piacere e divertimento, come mezzo per promuovere la comunità e come specchio del sistema sociale. I raduni popolari sono inestricabilmente legati ai festival popolari. Le credenze popolari sono osservate nella vita quotidiana delle persone appartenenti a gruppi emarginati. Le credenze popolari in Bangla includono le credenze popolari sulle malattie dei bambini, le credenze popolari sui divieti, le credenze popolari sulle questioni femminili, le credenze popolari sulle questioni matrimoniali, le credenze popolari sulle controversie e le credenze popolari sui nomi, tra le altre cose. I sentimenti di sacro e profano, le insicurezze e la fragilità mentale degli uomini hanno generato sia le credenze popolari che le superstizioni popolari. La distinzione tra credenza popolare e superstizione popolare è che la superstizione popolare è fortemente legata alla tradizione. Se la superstizione popolare non viene seguita, si verificano diverse reazioni mentali. Le superstizioni popolari forniscono un conforto mentale. Islam (2007) ha discusso i festival popolari, le credenze popolari e la cultura popolare della popolazione adivasi del Bangladesh, dimostrando l'ampiezza del suo studio. Inoltre, offre una discussione teorica sul folklore, la sua classificazione e la sua tecnica, che contribuisce alla comprensione della disciplina. Il libro discute anche l'importanza dei festival popolari, dei costumi popolari, delle credenze popolari, dei raduni popolari e delle feste religiose nella società, che è estremamente essenziale. Tuttavia, il libro non affronta la prevalenza e il significato degli elementi folklorici nell'educazione, nei programmi di studio, nei libri di testo o nelle attività in classe.

Secondo Chakrabarty (2009, 44-49), la musica folk è tradizionale, viene eseguita oralmente e non ha un autore. Gli strumenti della musica folk includono il Dhol, il fluet, il Sarinda, l'Ektara, il Dotara e altri. Molte case di produzione di cassette stanno reclutando artisti di musica folk e producono musica che suona come musica folk ma non lo è, e non ha alcun legame con la terra o la storia. Molte case discografiche producono questo tipo di musica esclusivamente per scopi commerciali. La musica folk, a differenza di altri tipi di musica, non ha regole o incoerenze grammaticali. Le persone cercano fonti alternative di musica a causa della ripetizione e della mancanza di variazioni della cultura civile (intesa come urbana), motivo per cui l'autore ha riscontrato una scarsa considerazione per la cultura folk. L'autore si oppone alla falsa passione per la musica folk e alla sua trasformazione in prodotto. È significativo che l'autore abbia insistito sul mantenimento dell'accuratezza della musica e degli strumenti popolari. Tuttavia, l'importanza e il significato della musica popolare nell'educazione e nella formazione dell'etica e dei valori non sono stati affrontati, il che indica la brevità dell'articolo. Inoltre, non si è parlato dell'uso della musica popolare nell'educazione o in classe.

CAPITOLO 3 : METODOLOGIA APPLICATA ALLA RICERCA

3.1 Il fondamento filosofico della ricerca

Si tratta di uno studio semplice e qualitativo. Per raggiungere gli obiettivi di questo studio sono state impiegate metodologie di ricerca qualitative. I metodi quantitativi sono stati ritenuti inefficaci per indagare le componenti popolari nell'istruzione primaria del Bangladesh. Contemporaneamente, le metodologie di ricerca descrittive e qualitative si sono rivelate cruciali e attive nell'esplorazione delle componenti popolari nell'istruzione primaria del Bangladesh.

3.2 Tecniche di raccolta e analisi dei dati

Gli strumenti e le tecniche di raccolta dei dati sono stati classificati nelle tre categorie seguenti:

3.2.1 Studio di pre-raccolta dati

Ho esaminato e valutato le ricerche pertinenti prima di raccogliere i dati. Dopo aver letto e valutato le ricerche pertinenti, ho stabilito gli obiettivi della ricerca alla luce della realtà del Bangladesh. Allo stesso tempo, alla luce degli scopi e degli obiettivi della ricerca, ho deciso quanto segue:

3.2.2 Partecipanti alla ricerca

In vista degli scopi e degli obiettivi della ricerca, ho selezionato gli intervistati dalle quattro categorie seguenti:

a) Studenti della scuola primaria

b) Insegnanti di scuola primaria

c) I tutori degli studenti delle scuole primarie e

d) Accademici e ricercatori.

3.2.3 Siti di raccolta dati

Questo studio si è basato sulle upazillas di Gongachara e Rangpur Sadar nel distretto di Rangpur. L'area di ricerca comprendeva un totale di 16 scuole primarie. Ho scelto 8 scuole primarie dell'upazilla Gongachara del distretto di Rangpur e altre 8 dell'upazilla Rangpur

Sadar del distretto di Rangpur. L'upazilla Gongachara del distretto di Rangpur si trova in un luogo più remoto rispetto a Rangpur Sadar.

Ho scelto le scuole di questi upazilas per dimostrare la vita di villaggio e di città. Quando ho visitato le scuole dell'upazilla Gongachara di Rangpur, ho notato che praticamente ogni scuola aveva il suo parco giochi, dove i bambini giocano quando non c'è lezione. Nella comunità, accanto alle scuole ci sono sempre negozi permanenti o galleggianti. La realtà delle scuole primarie di Rangpur Sadar è simile a quella dell'upazilla Gongachara di Rangpur. Tuttavia, le scuole di Rangpur Sadar sono circondate da mura e hanno aree di gioco modeste, mentre le scuole della Gongachara upazilla di Rangpur si trovano in un contesto di villaggio.

3.2.4 Metodi di campionamento

In generale, gli studenti elementari, gli istruttori e i tutori degli studenti sono stati scelti con un approccio di selezione casuale, mentre gli accademici e i ricercatori sono stati scelti con un metodo di selezione intenzionale.

3.2.5 Studio pilota

In generale, gli studenti elementari, gli istruttori e i tutori degli studenti sono stati scelti con un approccio di selezione casuale, mentre gli accademici e i ricercatori sono stati scelti con un metodo di selezione intenzionale.

3.3 Raccolta dati sul campo

Per raccogliere i dati, sono stati utilizzati i seguenti approcci nel campo della ricerca, tenendo conto degli scopi e degli obiettivi della ricerca, nonché della situazione degli intervistati:

a) Osservazione della classe e
b) Discussione non strutturata.

3.3.1 Osservazione della classe

Ho utilizzato il metodo dell'osservazione etnografica per acquisire dati qualitativi. Al mattino ho raggiunto gli alunni in classe. Prima di farlo, ho chiesto il permesso al preside e agli insegnanti della classe, informandoli anche dell'argomento e dell'obiettivo della ricerca. Ho fatto il possibile per assicurarmi che la mia presenza in classe non disturbasse il processo di insegnamento e apprendimento. Il primo giorno ho notato che gli studenti mi consideravano un'estranea. Ero, senza dubbio, uno straniero ai loro occhi. La mia esperienza di insegnamento e le mie conoscenze di psicologia dell'educazione mi hanno permesso di affrontare prontamente la classe. Quando la lezione finì, gli studenti si precipitarono a giocare. Anch'io mi sono unito al loro gioco fino alla sessione successiva e sembravano contenti di avermi lì. Non appena la scuola è stata chiusa, mi sono congratulata con tutti gli insegnanti e gli alunni e ho regalato loro dei cioccolatini in segno di gratitudine.

3.3.2 Discussione non strutturata

Per acquisire dati qualitativi, ho utilizzato anche il metodo dell'intervista. Poiché non c'era un questionario, le interviste sono state lasciate aperte. Ho fatto del mio meglio per affrontare tutte le componenti pertinenti della sua ricerca. Mi sono consultata con il mio supervisore e con i miei co-supervisori di ricerca ogni volta che sono tornata all'Istituto di Educazione e Ricerca dell'Università di Rajshahi dopo la fine dell'intervista, e mi hanno mostrato dove erano le mie lacune. Quando sono tornata sul campo, ho ripreso le interviste con gli intervistati e ho scoperto i dati mancanti. Mentre conducevo le interviste, avevo sempre con me un diario di campo. Annotavo le cose che non capivo per poterle chiedere in seguito. Ho conservato le registrazioni audio delle interviste dopo il permesso e ho scritto l'intervista quando sono tornata dal campo.

3.4 Metodi di post raccolta dati

Per acquisire dati qualitativi, ho utilizzato anche il metodo dell'intervista. Poiché non c'era un questionario, le interviste sono state lasciate aperte. Ho fatto del mio meglio per affrontare tutte le componenti pertinenti della sua ricerca. Mi sono consultata con il mio supervisore e con i miei co-supervisori di ricerca ogni volta che sono tornata all'Istituto di Educazione e Ricerca dell'Università di Rajshahi dopo la fine dell'intervista, e mi hanno mostrato dove erano le mie lacune. Quando sono tornata sul campo, ho ripreso le interviste con gli intervistati e ho scoperto i dati mancanti. Mentre conducevo le interviste, avevo sempre con me un diario di campo. Annotavo le cose che non capivo per poterle chiedere in seguito. Ho conservato le registrazioni audio delle interviste dopo il permesso e ho scritto l'intervista quando sono tornata dal campo.

3.4.1 Conservazione dei dati

Ho trascritto i dati raccolti sul campo durante il lavoro sul campo. Allo stesso tempo, dopo aver ottenuto il permesso di registrare, ho effettuato una registrazione audio dell'intervista mentre veniva condotta. Durante la raccolta dei dati, ho annotato i termini importanti e ogni sera ho creato una trascrizione basata sulle frasi chiave e sulle registrazioni audio. Ho anche scattato delle immagini, dopo aver ottenuto l'autorizzazione, e le ho salvate.

3.4.2 Analisi dei dati

Ho considerato tutte le unità di studio e ho creato una codifica dei dati, una citazione dei dati e dei promemoria basati sulle trascrizioni. Ho organizzato i dati in categorie in base agli obiettivi dello studio. Per analizzare i dati raccolti durante l'indagine, è stato utilizzato l'approccio induttivo.

3.4.3 Misurazione della validità dei dati

Ho raccolto i dati sul campo come ricercatore. Di conseguenza, ho potuto valutare l'affidabilità delle informazioni primarie. Inoltre, ogni sera, mentre componevo la trascrizione, riconoscevo i dati sospetti per il controllo incrociato e la triangolazione e li eliminavo. Inoltre, quando ho ricevuto fatti contraddittori, ho parlato con informatori importanti.

3.5 L'etica seguita in questa ricerca

Poiché non esiste una guida etica codificata, l'etica delle scuole e dei siti di ricerca ha avuto la massima priorità. Gli scopi e gli obiettivi della ricerca sono stati comunicati in anticipo agli informatori. Il programma delle interviste è stato stabilito dopo aver parlato con loro per garantire che il loro lavoro non venisse interrotto.

Prima di raccogliere i dati dagli intervistati, è stato ottenuto un consenso speciale. Gli intervistati erano autonomi, il che significa che avevano il diritto di offrire o meno risposte alle domande e potevano interrompere il dialogo in qualsiasi momento. Dopo che gli intervistati hanno dato il loro consenso, sono state fatte fotografie e registrazioni audio delle interviste. Inoltre, è stato garantito loro che i loro nomi non sarebbero stati inseriti in alcuna tesi o riferiti a qualcuno in alcun modo. Ero consapevole di questo per evitare che la raccolta dei dati ostacolasse le attività di insegnamento e apprendimento. Inoltre, nessun intervistato è stato costretto o ingannato a fornire informazioni. Se ci sarà una pubblicazione basata sui risultati della ricerca, il ricercatore si impegna a informare gli intervistati. Il ricercatore si augura inoltre che i partecipanti allo studio non subiscano danni a causa della loro partecipazione allo studio.

CAPITOLO 4 : IDENTIFICAZIONE DEGLI ELEMENTI FOLKLORISTICI NEL CURRICULUM DELL'ISTRUZIONE PRIMARIA DEL BANGLADESH

ABSTRACT

In questo capitolo si discutono i capitoli dei libri di testo che rappresentano gli elementi folkloristici. Ci sono 5 serie di libri di testo nel curriculum primario del Bangladesh. Analizzando i libri di testo del curriculum primario con il metodo del desk-review, è emerso che non esiste alcun libro di testo sugli elementi popolari nel curriculum primario del Bangladesh. Anche il numero di elementi folkloristici nell'istruzione primaria è insufficiente. In "Bangla", "Islam ed educazione morale", "Induismo ed educazione morale", "Buddismo ed educazione morale" e "Cristianesimo ed educazione morale" il numero di elementi folkloristici è maggiore rispetto alle altre materie. I racconti e le filastrocche popolari sono più numerosi degli altri elementi folkloristici. Anche in questo caso, non ci sono elementi folkloristici nei libri di testo di matematica e scienze per gli studenti della scuola primaria.

4. Il curriculum dell'istruzione primaria e gli elementi folkloristici nei libri di testo

In questa unità, l'analisi dichiarata degli elementi folkloristici del curriculum a livello primario in Bangladesh, la revisione delle lezioni sugli elementi folkloristici dei libri di testo a livello primario in Bangladesh e la riflessione sugli elementi folkloristici applicati agli argomenti dei libri di testo nel curriculum a livello primario sono stati esaminati in modo comparativo.

Nell'ambito dell'obiettivo 1 della ricerca, sono state analizzate in modo comparativo tutte le materie previste dal curriculum dell'istruzione primaria, le competenze raggiungibili, gli argomenti relativi agli elementi popolari basati sulla classe e gli argomenti relativi agli elementi popolari in tutti i libri di testo, quali: Bangla, Inglese, Matematica, Bangladesh e Studi Globali, Scienze, Religione ed Educazione Morale sono stati analizzati in modo comparativo.

Nonostante le competenze raggiungibili delle materie del Bangla siano organizzate fondamentalmente in base alla capacità linguistica, le competenze raggiungibili degli elementi popolari sono state aggiunte alle materie. Nel programma di studi non si fa menzione degli elementi popolari in inglese o in matematica. A questo proposito, sono stati analizzati solo gli argomenti o i temi relativi ai libri di testo. Poiché non esistono libri di testo sull'educazione fisica, la musica e le belle arti, queste tre materie non sono state menzionate in questa ricerca. A volte i fatti degli elementi popolari sono stati rappresentati o trovati direttamente nelle competenze dichiarate su vari argomenti, altre volte sono stati discussi esplicitamente nelle competenze citate, anche se si riferiscono ai fatti degli elementi popolari. Tuttavia, in questa ricerca, sono stati citati sia i fatti disposti che la competenza. A questo proposito, non avendo menzionato i fatti ottenuti dagli elementi popolari dalla competenza, solo le competenze che si riflettono nei soggetti sono state debitamente rivelate qui.

In primo luogo, considerando le competenze raggiungibili come base, sono state indicate le materie incluse nel curriculum. Quindi, sono state analizzate le materie citate e le competenze raggiungibili dei libri di testo presi in considerazione in questa ricerca.

4.1 L'analisi per materia e per classe e la revisione comparativa degli elementi popolari dei libri di testo e del curriculum

4.1.1 Bangla (materia bengalese)

Con la competenza raggiungibile degli elementi folkloristici nella materia Bangla nel curriculum, sono stati scelti diversi temi armonizzati o associati. Anche in questo caso, alcuni temi sugli elementi folklorici non sono legati alle competenze selezionate, ma piuttosto alle competenze linguistiche. Tutti i temi dei libri di testo sulle parti folkloristiche del curriculum sono stati riflessi in qualche modo, in modo attivo, passivo o parziale. Alcuni argomenti di competenza linguistica per l'ascolto, il parlato, la lettura e la scrittura relativi agli aspetti popolari del curriculum sono stati promossi e sono rappresentati in varie competenze raggiungibili.

I temi dei libri di testo relativi agli elementi popolari delle materie del Bangla sono stati rappresentati nei diagrammi sottostanti. Sulla base delle informazioni raccolte da questi soggetti, sono stati analizzati i fatti o gli argomenti relativi agli elementi popolari dei libri di testo.

4.1.1.1 Bangla: Classe: Uno

Se guardiamo ai libri di testo e al programma di studi per la classe prima, possiamo vedere che c'è solo un livello di competenza che può essere raggiunto negli elementi folkloristici che sono inclusi nel programma di studi, come la rima, la poesia, le storie, le conversazioni, il discorso e l'indirizzo, e la comprensione di ascolto, conversazione, lettura e scrittura. Questo si è riflesso in parte in un tema curricolare e in dieci libri di testo. Le fiabe popolari comprendono Chobite Golpo'Kak o Kolsi' (fiabe popolari), Ata gache Tota Pakhi (rima), Itol Bitol, Bakbakum Payra (rima), Pipre o Ghughur Golpo (fiabe popolari) e Mayer Bhalobasa (fiabe popolari).

Chobite Golpo 'Kak o Kolsi: Uno dei protagonisti della storia è un corvo assetato. Si aggirava in cerca di acqua. Alla fine trovò dell'acqua in un barattolo. Il corvo non riusciva a raggiungere l'acqua nella giara perché era troppo lontana. Alla fine, il corvo escogitò un piano per dissetarsi lasciando cadere delle pietre situate vicino al contenitore. La comprensione degli alunni si è riflessa in questa storia attraverso l'ascolto. La fiaba insegna come fare brain storming.

- **Elementi folkloristici:** Folclore

    Ata Gache Tota Pakhi (Il pappagallo sull'albero della crema): Questa poesia è pensata per divertire i bambini.

- **Elementi folkloristici:** Filastrocca popolare

    Itol Bitol: Questa poesia è pensata per intrattenere i più piccoli. I versi sono deliziosamente in rima.

- **Elementi folkloristici:** Filastrocca popolare

    Bakbakum Payra: la *Bakbakum Payra* è una filastrocca. Questa filastrocca è destinata a deliziare i più piccoli.

- **Elementi folkloristici:** Filastrocca popolare

    Mayer Valobasa (L'amore della madre): Secondo il racconto, Hazrat Muhammad (sm.) amava tutte le persone, compresi i bambini, gli animali e le piante. Nella storia si parla di questa realtà. Istruì gli uccelli di mantenere i loro nidi e nidiacei nelle stesse condizioni di prima, dimostrando quanto una madre ami i suoi piccoli. Ci ha messo in guardia dal distruggere o occupare nidi e nidiacei.

- **Elementi folkloristici:** Folclore

    Pipre o ghughu (La formica e la colomba): I protagonisti della storia sono una formica e una colomba. In questa storia, una colomba aiuta una formica a sfuggire alle onde del fiume lasciando cadere una foglia da un albero vicino. Dopo qualche giorno, la formica salva la vita della colomba da alcuni cacciatori. Questa favola insegna ai bambini ad aiutarsi l'un l'altro e a essere grati a chi li assiste nel momento del bisogno. Dimostra inoltre che anche una piccola creatura può aiutare una grande.

- **Elementi folkloristici:** Folclore

4.1.1.2 Bangla: Classe: Due

Se diamo un'occhiata ai libri di testo e al programma di studi per la classe prima, possiamo vedere che c'è solo un livello di competenza che può essere raggiunto negli elementi folkloristici che sono inclusi nel programma di studi, come la rima, la poesia, le storie, le conversazioni, il discorso e l'indirizzo, e la comprensione di ascolto, conversazione, lettura e scrittura. Questo è stato espresso in parte in un argomento del programma e in sei dei libri di testo. Gli elementi folkloristici si trovano nell'Amader Desh (filastrocca), nel Jol Pori o Kathurer Golpo (racconto popolare), nell'Amader Chotonodi (filastrocca) e nel Dadir Hate Mojar Pitha (pittura popolare).

Amader Desh: In questa filastrocca viene trasmesso l'amore per la madrepatria. Il patriottismo è rappresentato attraverso la raffigurazione di bellezze naturali come l'erba verde, le mucche nei campi, i pescatori che pescano, i cowboy che suonano, i contadini che producono e coltivano, i sorrisi per aver goduto dei raccolti di questo Paese, e così via.

- **Elementi folkloristici:** Rima

    Jolpori O Kathurer Golpo (La fata dell'acqua e l'uomo dell'ascia): Nella storia, la fata dell'acqua vuole offrire all'uomo dell'ascia sincero sia l'ascia d'oro che quella d'argento dopo che la sua ascia è caduta nell'acqua dello stagno nella giungla. Quando l'uomo-ascia si rifiuta di accettare la ricompensa, la fata dell'acqua lo inonda. Il secondo, avido uomo delle asce, invece, perde la propria ascia a causa del suo inganno. L'enfasi di questa fiaba è stata "premi per l'onestà e perdite per l'avidità".

- **Elementi folkloristici:** Rima

    Amader Chotto Nodi (Il nostro piccolo fiume): Amader Chotto Nodi non è una filastrocca popolare, ma piuttosto una filastrocca di Ravindranath Tagore. Questa filastrocca ha un'atmosfera folkloristica. La bella rappresentazione dello splendore pittoresco ha dato vita al piccolo fiume del villaggio bengalese.

- **Elementi folkloristici:** Rima

    Dadir Hater Mojar Pitha (Le torte gustose fatte da mia nonna): Nella storia, Tuli e Topu si recano a casa dei nonni del loro villaggio. Gustano diverse torte preparate dalla nonna. Sanno anche come prepararle. Questo articolo descrive il processo di produzione di diversi dolci in Bangladesh, nonché la cultura e il patrimonio del Paese. Nel romanzo viene anche descritta la pittura popolare di diversi dolci bengalesi.

- **Elementi folkloristici:** Pittura popolare

4.1.1.3 Bangla: Classe: Tre

I capitoli dedicati agli elementi folkloristici sono il Raja o Tar Tin Konna (racconto popolare), il Kujoburir Golpo (racconto popolare) e il Sadhinota dibos ke ghire (dipinto popolare).

Raja O Tar Tin Konnya (Il re e le sue tre figlie): Secondo il racconto, il re, la sua regina e le loro tre figlie erano una famiglia felice. Una volta il re chiese alle figlie quali fossero i loro sentimenti per lui. Quando scoprì che due di loro lo adoravano come zucchero e miele, fu felicissimo. Quando si rese conto che la figlia più giovane lo adorava come il sale, si infuriò. Di conseguenza, la mandò nella giungla per essere boicottata. Nel corso degli eventi, durante una battuta di caccia, il monarca mangiò del cibo non testato e senza sale, rendendosi conto del suo errore. Poi, con la figlia più giovane, tornò in patria.

- **Elementi folkloristici:** Folclore

    Kujo Burir Golpo (Storia della donna gobba): Secondo il racconto, una donna gobba aveva tre cani. Lascia i cani a casa e si reca a casa della nipote, dove incontra una tigre e una volpe. Arriva a casa della nipote grazie alla sua prontezza di spirito. Quando arriva a casa, cerca di entrare nella scatola di zucca rotolando giù e giù. Sebbene sia riuscita a schivare l'invasione della tigre, non è riuscita a evitare quella della volpe. Quando la volpe cercò di mangiarla, la donna chiamò i suoi cani e si salvò con la sua prontezza di spirito. L'amore e l'ammirazione degli animali domestici per il padrone sono stati evidenziati in questa scena. Tutti dovrebbero divertirsi a prendersi cura dei propri cani.

- **Elementi folkloristici:** Folclore

    Swadhinota Dibosh k Ghire (Concentrarsi o centrare il giorno dell'indipendenza): La tradizione e la pittura sono protagoniste della storia Swadhinota Dibosh k Ghire (Concentrarsi o Centrare il Giorno dell'Indipendenza). La storia ha rivelato il sacrificio dei combattenti per la libertà, l'indipendenza, la vittoria e il rispetto attraverso il disegno e la colorazione di immagini, la decorazione della classe e alcuni eventi di aiuto ai combattenti della guerra di liberazione con amore, affetto e cura, nonché il sacrificio dei combattenti per la libertà, l'indipendenza, la vittoria e il rispetto.

- **Elementi folkloristici:** Tradizione

4.1.1.4 Bangla: Classe quarta

Il Boro Raja Choto Raja (racconto popolare), il Ghure Asi Sonargaon (tradizione popolare), il Paharpur (tradizione popolare) e il Palkir Gaan (canzone popolare) sono tutti inclusi nel libro di testo del Bangla per la quarta classe.

Boro Raja Chotto Raja (Il grande re e il piccolo re): Secondo il racconto, sia il grande re che il piccolo re partirono alla conquista del globo. Il grande re regnava sull'intero globo. Sotto le spoglie di un uomo normale, il piccolo re partì alla conquista dei Paesi minori. Quando il monarca più anziano seppe che il re più giovane era contento, chiese che il re più giovane lasciasse il regno. Di conseguenza, i due re scesero in battaglia. Con elefanti, cavalli, carri, scuotendo la terra, lanciando frecce e cannoni, il grande monarca iniziò ad attaccare il piccolo re. Non potendo vedere i piccoli, tutti mancarono l'obiettivo. Poiché non riuscivano a vedere i piccoli, mancarono tutti l'obiettivo. Quando il grande re cercò di fare pace con il piccolo re, il piccolo monarca si rifiutò; il grande re si infuriò e afferrò il piccolo re con tutti i suoi pugni. Il piccolo re colpì il pollice dell'enorme re con delicatezza e se ne andò con il suo trono, la principessa e tutto il resto. L'ego del grande re fu conquistato dalla saggezza del piccolo re.

- **Elementi folkloristici:** Folclore

    Ghurey Asi Sonargaon (Visitiamo Sonargaon): Il saggio è la narrazione di un viaggio a Sonargaon, un magnifico esemplare di architettura Mughal a forma di moschea a cupola, a Subarnagram, un quartiere benestante di Panam Nagar, la capitale di Isha Khan nel sud-est del Bengala. La conversazione è stata utilizzata per raccontare la storia del tessuto di mussola, famoso in tutto il mondo, e del museo di arte popolare, che ospita l'arte, la cultura, la storia e l'eredità del Paese.

    D'altra parte, la cultura artistica e l'estetica del Bangladesh sono emerse attraverso la prosa Paharpur (Paharpur), la storia di un antico monastero buddista a Paharpur e la descrizione di molti monumenti archeologici.

- **Elementi folkloristici:** Tradizione

    Palkir Gaan (La canzone sul palanchino): La poesia Palkir Gaan (La canzone sul palanchino) è una canzone scritta da Satyendra Nath Dutta per essere cantata dai portatori di palanchino a tempo di marcia. Le parole di questa canzone descrivono la vita quotidiana nel Bengala rurale.

- **Elementi folkloristici:** Canzone popolare

4.1.1.5 Bangla: Classe quinta

Shokher Mritshilpo (Hobby della ceramica): Shokher Mritshilpo (Hobby della ceramica) è una prosa che insegna pratiche culturali ed estetiche sane. La tradizione e la cultura millenaria del Bangladesh, compresa la ceramica di terracotta, hanno brillato grazie alla visita del Baishakhi Mela e della ceramica Kumor para nella casa dello zio materiale ad Anandapur e alla descrizione dello zio materiale.

- **Elementi folkloristici:** Pittura popolare, fiera popolare

    Hati Ar Shialere Golpo (Storia di un elefante e di una volpe): Hati Ar Shialere Golpo (La storia di un elefante e di una volpe) è un racconto popolare che insegna i valori dell'umiltà, della non oppressione, dell'unità e della pazienza. Secondo il racconto, mentre viveva in pace con innumerevoli animali e uccelli, un elefante apparve dal nulla. Il temperamento e l'arroganza dell'elefante si combinano con un'enorme mole e un potere illimitato. Tutti sono spaventati. Non potendo continuare così, le creature del bosco si riunirono nella grotta del leone. Dopo aver parlato tra loro, tutti assegnarono alla volpe il compito di punire l'elefante. Un giorno la volpe si avvicinò alla tana dell'elefante, roteando la coda per il terrore. L'elefante ne fu molto felice. Il grosso corpo della volpe cominciò a sprofondare sempre di più nell'acqua mentre attraversava il fiume per nuotare nel fiume. Nonostante il suo desiderio di sopravvivere, l'arrogante elefante oppressivo iniziò a danzare gioiosamente senza salvare nessuno. Qui si rivela che la fine dell'arroganza e della tirannia è inevitabile.

Elementi folkloristici: Folclore

Kanchon Mala Ar Kakon Mala: Gli insegnamenti morali del Kanchon Mala Ar Kakon Mala includono il non infrangere le promesse, la perseveranza e l'onestà. Secondo la storia, un principe e un pastore avevano un legame fantastico. Il principe rimane ipnotizzato dalla melodia del flauto del pastore e giura di farne un ministro se diventerà re. Quando il principe diventa re, si dimentica del popolo, dell'esercito, della regina Kanchon Mala e del suo migliore amico sia nella felicità che nel lavoro. Quando l'amico pastore arrivò a palazzo per visitare il re, le guardie si rifiutarono di farlo entrare, così rimase fuori tutto il giorno e tornò con difficoltà. Una notte il re si svegliò e scoprì che la malattia si era impossessata del suo corpo. Il re riconosce il punto in cui si trova nel suo processo di rottura della promessa. La regina Kanchanmala iniziò a occuparsi del regno con difficoltà. Quando la regina Kanchanmala decise di affidare a Kakanmala la cura del monarca, divenne inavvertitamente la regina ancella. Kanchanmala, invece, deve svolgere tutte le mansioni di una domestica. La regina lo avvicinò mentre si recava al fiume per lavare un carico di indumenti su richiesta di una falsa regina, dopo aver ascoltato il mantra di un uomo sconosciuto. Nel giorno propizio, il visitatore si recò a palazzo e chiese loro di creare una torta secondo le direttive di Pitkuduli. Osservandoli mentre creano la torta, la gente può capire la differenza tra una vera regina e una cameriera. La regina fasulla ha urlato quando l'uomo l'ha chiamata e le ha detto tutti i dettagli. Quando lo straniero pronunciò il mantra mentre inseriva il filo della sua bambola nell'ago del corpo del re, questo si annodò negli occhi della falsa regina, che morì. Quando il re e il suo amico pastore si incontrano, si abbracciano. Il re Rakhal si scusa con l'amico e lo nomina ministro. Il re, la regina e il ministro fanno sorridere il popolo. Le funzioni delle storie sono innegabilmente importanti. I valori morali abbondano in tutte le storie.

- **Elementi folkloristici:** Folclore

Aubak Jolpan (Strange Water Drinking): Aubak Jolpan (Strange Water Drinking) è un gioco di strategia e divertimento. La storia è raccontata attraverso le conversazioni o i dialoghi dei passanti, dei portatori di ceste, dei vecchi e dello zio di Khoka. Un uomo assetato si avvicina a diverse persone e chiede dell'acqua, ma nessuno gliela dà. Al contrario, tutti criticano il suo discorso per diverse mancanze. Alla fine ottiene l'acqua da uno scienziato con molta creatività.

- **Elementi folkloristici:** Dramma popolare

4.1.2 Inglese

Il programma di studio per le materie di inglese nei gradi 1-5 ha lo scopo di aiutare gli studenti a diventare fluenti nella conversazione inglese normale e spontanea. Contiene solo la lingua e la grammatica, non il folclore, e comprende le abilità di ascolto, conversazione, lettura e scrittura, la continuità essenziale dell'apprendimento, le competenze terminali, le competenze raggiungibili, i risultati di apprendimento, i contenuti, le strategie di insegnamento-apprendimento, le attività pianificate e le linee guida per la stesura del libro di testo. Poiché non esiste una particolare qualifica o sostanza per l'acquisizione di elementi folk, la materia del libro di testo è stata studiata menzionando solo gli argomenti che sono rilevanti per il materiale folk. Secondo l'analisi, nel libro di testo per la classe prima non c'è materiale legato agli elementi folkloristici. Tuttavia, nei libri di testo delle classi seconda, terza, quarta e quinta sono presenti alcune sezioni relative agli elementi folkloristici. Di seguito sono elencati gli argomenti legati agli elementi folk nei libri di testo di inglese primario:

4.1.2.1 Inglese: Classe prima

Un'analisi del libro di testo di inglese per la classe prima rivela che non ci sono lezioni che trattano temi folkloristici.

4.1.2.2 Inglese: Classe seconda

Secondo un'analisi del libro di testo di inglese per la classe seconda, due lezioni del libro trattano elementi folkloristici, uno dei quali è una rima e l'altro una narrazione. Gli argomenti trattati sono i seguenti:

Filastrocca dell'arcobaleno: L'arcobaleno nella filastrocca mostra e introduce agli studenti i colori rosso, arancione, giallo, verde, azzurro, blu e viola.

- **Elemento popolare**: Rima.

    La gallina dalle uova d'oro: Secondo la storia, il cigno d'oro di un povero contadino potrebbe deporre uova d'oro. Egli tagliò avidamente l'intestino del cigno uccidendolo per ottenere tutte le uova in una volta sola, solo per scoprire che non c'era nessun uovo. A causa della sua avidità, il contadino dovette perdere tutto.

- **Elemento popolare**: Folktale.

4.1.2.3 Inglese: Classe terza

Secondo un'analisi del libro, solo una lezione del libro di testo di inglese per la classe terza presenta temi legati agli elementi folkloristici. È stato analizzato il seguente argomento:

Il corvo: Secondo il racconto, la madre corvo viveva in un nido nel campo di grano con i piccoli corvi. La madre corvo si rifiutò di lasciare che i piccoli fuggissero spaventati quando il contadino venne a ispezionare il suo campo. Quando un altro contadino con un bastone li attaccò, la madre corvo scelse di fuggire in tempo con i suoi pulcini in una zona sicura.

- **Elemento popolare**: Folktale.

4.1.2.4 Inglese: Classe quarta

Secondo un esame del libro di testo di inglese per la classe quarta, tre lezioni del libro trattano elementi folkloristici, due dei quali sono rime e l'altro una storia. Gli argomenti trattati sono i seguenti:

Battere le mani: Tutti i membri della famiglia sono stati addestrati a battere le mani e a girare la testa a ritmo di musica, a lavarsi i denti due volte al giorno, a bere latte, a mangiare frutta e a fare il bagno.

- **Elemento popolare**: Rima.

    S M Sultan: La storia racconta la passione di SM Sultan per il disegno, la sua formazione, l'ingresso al Calcutta Art College, gli studi e le sue lacune in tutto il mondo, compresa l'Asia e l'Europa, nonché le sue ben note lacune in Bangladesh. Per il suo affetto verso i bambini ha fondato Nandakanan e Shishu Swarga, dove possono imparare e disegnare. La concentrazione e la diligenza sono enfatizzate nella sua breve biografia, così come l'estetica e il patriottismo.

- **Elemento folkloristico**: Pittura popolare.

    Il leone e il topo: Quando un topo salta sul muso di un potente leone addormentato, il leone si infuria e vuole mangiarlo. Il topo implora il leone di lasciarlo andare, lo chiama amico e alla fine gli chiede di aiutarlo. Il leone si prende gioco di lui e fugge. Quando, dopo qualche giorno, il leone rimane imprigionato nella rete, il topo taglia la rete con i suoi denti affilati e salva il leone.

- **Elemento popolare**: Folktale.

4.1.2.5 Inglese: Classe quinta

Secondo un esame del libro di testo di inglese per la classe 5, quattro lezioni del libro trattano elementi folkloristici, due dei quali sono rime e gli altri due sono storie. Gli argomenti trattati sono i seguenti:

Giorni in un calendario: Un minuto in 60 secondi, un'ora in 60 minuti, un giorno in 24 ore, una settimana in sette giorni, un anno in dodici mesi, un anno in 365 giorni e un anno bisestile in 366 giorni sono le prime tre poesie. La seconda poesia riguarda il nome inglese del mese di dicembre e la terza l'attività fisica e il battito delle mani.

- **Elemento popolare**: Rima.

    Il suono di un orologio che ticchetta e ruota è usato per sottolineare gli aspetti mondani dell'esistenza in questa poesia. Quando un bambino prega alle cinque del mattino, va a scuola alle nove e torna a casa alle quattro del pomeriggio, dimostra disciplina.

- **Elemento popolare**: Rima.

    La lepre e la tartaruga: La lepre, nonostante le sue qualità qualificanti, viene sconfitta nella corsa della lepre e della tartaruga della favola a causa della sua pigrizia e arroganza. La tartaruga, invece, è un corridore lento che ha successo grazie alla perseveranza e al duro lavoro. La morale della storia è che per vincere bisogna correre lentamente e con costanza.

- **Elemento popolare**: Folktale.

Perché la rana gracchia: Il richiamo della rana -roak-croak- è l'argomento della storia. Una volta, tutti erano affascinati dalla bella melodia della rana. Se un animale del bosco vuole imparare la sua meravigliosa melodia, cluster farebbe bene a non insegnargliela. Dopo di che, registra la sua melodia in una brocca. Più tardi, un gruppo di animali rubò la brocca, ma questa scoppiò durante il tragitto. Nel cuore della notte, gli animali non riuscirono a raccogliere la canzone e tornarono a casa. Gli uccelli vengono a raccoglierla al mattino e noi sentiamo la meravigliosa musica nella gola dell'uccello e il gracchiare di tutte le rane, compreso Cluster. Ecco come viene descritto.

- **Elemento popolare**: Folktale.

4.1.3 Matematica

I libri di testo di matematica per la scuola primaria hanno un totale di 39 capitoli e 285 pagine, ma nessuno di essi presenta elementi folkloristici. Anche nei testi di matematica per i bambini delle classi 3, 4 e 5 del curriculum primario del Bangladesh non ci sono elementi folkloristici.

4.1.4 Bangladesh e studi globali

4.1.4.1 Bangladesh e studi globali: Classe terza

Miley Mishe Thaka (Vivere in armonia): Per vivere in armonia con gli altri nella propria famiglia e comunità, è necessario vivere con persone di altre religioni, caste, professioni e piccoli gruppi. Devono aiutarsi e rispettarsi a vicenda. Tutti si scambiano piacere, cibo e convenevoli in occasione di feste come l'Eid dei musulmani, la devozione degli indù, il Buddha Purnima dei buddisti e il Natale dei cristiani.

Capodanno e altre feste: Il primo giorno del Capodanno bengalese è il Baishakh, la più importante festa sociale dei bengalesi. L'apertura di nuovi conti, il consumo di dolci, i giocattoli, l'hari, le bambole, gli oggetti in legno, la giostra, la musica e altre attività sono tutti elementi di grande richiamo per i commercianti che partecipano alla fiera di Baishakhi. Navanya è anche la festa del raccolto. Vari dolci e cene vengono passate di casa in casa, accompagnate da piacere e riso nuovo, danze e canti. Il Poush Mela è una celebrazione sociale rurale bengalese. Vari dolci invernali, musica da ballo e laboratori teatrali riempiono le case.

Elemento folkloristico: Festival del Folk.

4.1.4.2 Bangladesh e studi globali: Classe quarta

Piccoli gruppi etnici in Bangladesh: La società del Bangladesh è diversificata e comprende più di 45 piccoli gruppi etnici. I Chakma, che costituiscono la maggioranza della popolazione, parlano la propria lingua, hanno un proprio alfabeto e cantano le proprie canzoni. Sono governati dal re e dai capi villaggio. Cuciono i propri abiti e celebrano il Buddha Purnima, un evento religioso buddista. I Marma hanno un monarca e un capo villaggio. Si divertono con i nampi e coltivano con il metodo dello zoom. Si vestono con abiti Thami e Angi. Buddha è un frequentatore di festival religiosi. Ogni mese, celebrano "Labare" con la luna piena e "Sangrai" il secondo giorno di Baishakh. Anche i Santal hanno una propria lingua. L'agricoltura è la loro principale fonte di reddito. Riso e nalita sono i loro cibi preferiti. Le femmine indossano dhuti, lungi, genji e camicia, mentre i maschi indossano dhuti, lungi, genji e camicia. I Santal celebrano, tra le altre feste, "Sohra" a Poush, "Maghsim" a Magh, "Basant" a Falgun, "Tar Kansim" ad Asharh e "Hariyar Sim" a Bhadra. I Manipuris, invece, sono principalmente agricoltori e tessitori tra i gruppi etnici del Bangladesh. Le loro abitazioni sono costruite in bambù, muratura e latta. Consumano la "Sinjeda" come cibo preferito, oltre a riso, pesce e verdure. I ragazzi indossano dhuti, punjabi, mentre le ragazze indossano "lahing", "ahing", orna. Si tengono feste come Rathyatra, Chaitra Sankranti, Dolayatra e Raspurnima. Vengono trattati gli stili di vita Chakma, Marma, Santal e Manipuri, così come la loro appendice, la religione, la lingua, la tradizione, le maniere e la cultura.

Elemento folkloristico: Festival folkloristici e cultura folkloristica.

Lingua e abbigliamento: La cultura è un modo di vivere per noi. Abbiamo lingua, vestiti, cibo, cerimonie, musica e così via, indipendentemente dalla razza o dalla religione. Tutto questo è la cultura del Bangladesh. Il bengalese è la lingua ufficiale del Bangladesh. In bengalese si combinano razza, religione e casta. Il sari è un abito tradizionale femminile. Le giovani donne indossano salwar kameez, vestaglie e gonne, mentre i ragazzi indossano camicie, pantaloni, punjabi, pigiami, polmoni e gli anziani indù indossano dhotis.

Cibi: I bengalesi mangiano riso e pesce. Sebbene il pesce e il riso siano gli alimenti base dei bengalesi, in questo giorno si consumano anche legumi, carne, verdure, polao, biryani e khichuri. Durante l'evento sono popolari i dolci, i paise, i chamcham, gli haluya, il pollo e molti tipi di torte.

Rituali e musica: Nel nostro Paese la musica viene suonata in molti festival e nella vita quotidiana. La musica popolare del Bangladesh è la sua linfa vitale. La nostra principale musica popolare comprende i canti dei contadini nei campi, i canti Majhir, i canti Baul, i canti Jari-sari, i canti Baula, Bhatiali, Bhavaya e Gambhira. La fiera propone musica Jatrapala, kirtan e canti di Murshid. La nostra cultura si sta perdendo a causa della mancanza di varianti. L'impatto di estranei e sottoculture ha messo in pericolo la nostra cultura. Sarà possibile proteggere la nostra cultura se ne saremo consapevoli e la coltiveremo con amore.

- **Elemento folk**: Festival folkloristici, canti popolari, usanze popolari, tradizione popolare e cultura popolare.

4.1.4.3 Bangladesh e studi globali: Classe quinta

Industrie artigianali in Bangladesh: Un prodotto dell'industria artigianale è un articolo su piccola scala, fatto in casa. Costruiamo in legno i mobili per le nostre case, come letti, tavoli, sedie, panche e armadi. In casa si usano utensili di bronzo, vasi di terracotta, vasi di terracotta bruciata e vasi. Sono necessari e attraenti.

Minoranze del Bangladesh: Questo capitolo illustra lo stile di vita dei Garo, dei Khasia, dei Tripura, dei Mro e degli Oraon, nonché la loro identità, l'ubicazione, la lingua, la religione, il sistema sociale, il cibo, l'alloggio, i vestiti, le feste, le tradizioni, i costumi e la cultura. I piccoli gruppi etnici sono sempre più coinvolti nella cultura bengalese. Hanno contribuito allo sviluppo generale e sociale del Paese. È scritto qui che bisogna aiutarli a progredire e apprezzare il loro modo di vivere.

- **Elemento popolare**: Gruppi tribali e vite tribali.

4.1.5 Scienza

I libri di testo di scienze per la scuola primaria hanno un totale di 39 capitoli e 285 pagine, ma nessuno di essi include elementi folkloristici. Nel libro di testo di Scienze del Curriculum Primario, non ci sono elementi folkloristici.

4.1.6 Studio religioso

Lo studio delle quattro principali religioni - Islam e scuola morale, Induismo ed educazione morale, Buddismo ed educazione morale e Cristianesimo ed educazione morale - è stato incorporato nel livello elementare di istruzione in Bangladesh. I temi di questi studi religiosi sono legati direttamente e indirettamente a elementi popolari. L'obiettivo di questo studio è quello di utilizzare gli elementi popolari per comprendere gli insegnamenti di queste quattro religioni.

4.1.6.1 L'Islam e l'educazione morale

Gli insegnamenti fondamentali dell'Islam e dell'educazione morale comprendono, tra l'altro, la ferma fede in Allah e nei suoi messaggeri, la fede nell'aldilà e il culto a Lui conforme, lo sviluppo del carattere desiderato, le buone maniere e l'impegno in attività filantropiche. Tutti questi insegnamenti chiave sono ripresi nel curriculum e nei libri di testo per gli studenti della scuola primaria.

Le parti seguenti mostrano il curriculum e i materiali del libro di testo, nonché le competenze raggiungibili classe per classe in relazione agli aspetti popolari nella materia dell'Islam e dell'educazione morale. Inoltre, i materiali del libro di testo relativi agli aspetti popolari sono stati descritti utilizzando dati documentati.

4.1.6.1.1 Islam ed educazione morale: Classe terza

Gli elementi tematici richiesti dal curriculum e la competenza contenibile hanno un'armoniosa risonanza con i contenuti del libro di testo, Islam ed educazione morale, destinato agli alunni della terza classe. Le componenti popolari possono essere trovate nei più piccoli dettagli della materia e nelle competenze raggiungibili. Nelle sezioni seguenti si cercherà di spiegare questi aspetti popolari.

Spiegazione del libro di testo

Mostrare un buon comportamento nei confronti dei compagni: Questo è un esempio di narrazione che ispira i compagni di classe a sentirsi bene con se stessi e a comportarsi bene: Hassan, un bambino, frequentava spesso la scuola, ma un giorno, a causa di una malattia, non poté venire. Con il permesso dell'insegnante, alcuni compagni si sono recati a casa sua. Hanno chiamato un medico dopo averlo trovato tremante e con la febbre alta. Il medico lo ha valutato e gli ha consigliato diversi farmaci. Gli amici di Hassan gli hanno consegnato i farmaci. Hassan si è ripreso dopo aver assunto i farmaci. Era felicissimo che i suoi amici fossero rimasti per un po' a parlare con lui e lo avessero sostenuto con cure meravigliose e parole di conforto.

- **Elemento folkloristico:** Folclore

    Mostrare un buon comportamento nei confronti degli ospiti: Ecco come viene raccontato un eccellente episodio che illustra la necessità di un buon comportamento nei confronti degli ospiti: Una volta un ebreo visitò la casa del Profeta Muhammad (SM). Il Profeta stesso si prese cura in modo eccellente del suo ospite, fornendogli i pasti migliori e un letto comodo e pulito in cui dormire. Lo stomaco dell'ospite era irritato e indigesto a causa del suo eccesso di cibo. Aveva contaminato il letto con cattivi odori. Poi, temendo ritorsioni, se ne andò alla luce del giorno. Il Profeta notò il letto sporco quando entrò nella stanza per ricevere il suo ospite al mattino, ma non riuscì a trovare il suo ospite. Nonostante il letto maleodorante, il Profeta rimase calmo. Anzi, strofinò il letto con le sue mani, pensando che il suo ospite avesse avuto molte difficoltà. L'ospite tornò a casa sua per recuperare la sua spada, che aveva lasciato per sbaglio nella casa del Profeta. Arrivato, vide il Profeta che strofinava il letto sporco. Il grande Profeta fu felicissimo di rivedere il suo ospite e gli chiese perdono per non essersi preso cura di lui. L'ospite ne fu estasiato e affascinato.

- **Elemento popolare:** Folclore (Leggenda)

    Servire gli esseri umani: Il servizio alle persone è stato elevato raccontando la storia di una donna anziana che era solita mettere delle spine sul cammino del Profeta Muhammad (SM). Quando il Profeta veniva punto da quelle spine, lei sorrideva allegramente. Un giorno, il Profeta non incontrò alcuna spina sul suo cammino, il che lo indusse a riflettere sulle condizioni fisiche della donna - se fosse malata -. Il Profeta cercò quindi informazioni sulla donna e la scoprì gravemente malata e senza cure. Il Profeta, compassionevole, la curò e la aiutò a guarire rapidamente. Quando la donna si riprese, si pentì delle sue azioni precedenti e giurò di non ripetere mai più il brutto gesto di erigere spine sul sentiero.

- **Elemento popolare:** Folclore (Leggenda)

    Dire la verità: di seguito viene descritto un evento che esemplifica la magnificenza di dire la verità: una volta un uomo confessò al grande Profeta (SM) di aver rubato, mentito e commesso numerose altre azioni malvagie. L'uomo chiese allora al Profeta a quale delle due cose avrebbe dovuto rinunciare per prima per evitare tutte quelle azioni orribili. In risposta, il Profeta gli consigliò di smettere per prima cosa di mentire. Smettendo di mentire, l'uomo si abituò a dire la verità e alla fine si liberò dagli altri vizi.

- **Elemento folkloristico:** Folclore

4.1.6.1.2 Islam ed educazione morale: Classe quarta

Un'analisi dettagliata del curriculum e del libro di testo per la classe quarta, Islam ed educazione morale, indica che gli elementi tematici del libro di testo e quelli delle competenze raggiungibili sono inestricabilmente legati. Gli elementi popolari sono osservati nelle sezioni più piccole dei contenuti tematici e delle competenze raggiungibili. Queste componenti popolari sono trattate nelle parti seguenti attraverso la spiegazione del libro di testo.

Spiegazione del libro di testo

Rispetto dei genitori: Viene sottolineata l'importanza di comportarsi in modo adeguato nei confronti dei genitori, di prendersi cura di loro senza farli soffrire e di pregare Allah per il loro benessere. Inoltre, è stato citato un famoso episodio che ha coinvolto il grande Profeta Muhammad (SM).

- **Elemento popolare:** Folclore (Leggenda)

    Rispetto per gli insegnanti: È stato illustrato un dialogo che rivela il trattamento riverente del Profeta (SM) nei confronti di intellettuali e insegnanti. Anche in questo caso, descrivendo la vicenda storica dell'imperatore Mughal Alamgir (Aurangzeb) che eleva la dignità dell'istruttore di suo figlio, si incoraggiano i giovani studenti a rispettare i loro professori, a salutarli con salaam, a seguire i loro ordini e a prestare molta attenzione ai loro studi.

- **Elemento folkloristico:** Folclore

    Onorare gli anziani e amare i giovani: Gli studenti sono incoraggiati a rispettare i genitori, gli anziani, i vicini di casa, gli studenti di alto livello e le collaboratrici domestiche. Si consiglia inoltre agli studenti di trattare gli altri con rispetto e di cedere il posto a sedere nei mezzi pubblici in onore degli anziani. Inoltre, i giovani studenti sono incoraggiati a mostrare affetto agli studenti più giovani e a vivere in armonia con gli altri. A questo proposito, sono stati citati un episodio leggendario del Profeta (SM) e una storia ideale di Fuad, un alunno di quarta elementare.

- **Elemento popolare:** Folclore (Leggenda)

    Comportarsi bene con i vicini: In questo segmento si suggerisce di trattare bene i vicini, di vivere in armonia con loro e di aiutarli nei momenti di bisogno, curandoli in caso di malattia, fornendo loro cibo, vestiti e denaro. Si dovrebbe anche evitare di sputare sugli uccelli domestici, sugli animali e sugli alberi e di alzare il volume della radio o del lettore di cassette (dispositivi elettronici). In breve, tutto ciò che aiuta le persone a vivere in pace e armonia tra loro in una società è sostenuto, mentre tutto ciò che aiuta le persone a vivere in amicizia e armonia tra loro è scoraggiato. È stata citata, ad esempio, la gentilezza dell'Imam Abu Hanifa (R).

- **Elemento folkloristico:** Folclore

    Prendersi cura dei malati: se uno studente si ammala, si raccomanda che si prenda cura in modo particolare dei genitori, dei fratelli, dei parenti, dei compagni di gioco o di classe. Il grande Profeta (SM) è offerto come esempio di qualcuno che si prendeva cura dei malati, anche se questi erano i suoi più grandi nemici. Inoltre, è stata raccontata la storia di Fuad, che prega per il benessere della madre malata e si prende cura di lei chiamando un medico, somministrando farmaci tempestivi e versando acqua sulla testa per alleviare la febbre. In poche parole, si raccomanda di prendersi cura dei malati, di scambiare sentimenti con loro e di assisterli bene.

- **Elemento folkloristico:** Folclore

    Dire la verità: in questa sezione è stata espressa la maestosità della sincerità. Tutti rispettano e si fidano di chi è sincero. Sia gli uomini che Allah lo adorano. La verità porta alla virtù e alla salvezza di una persona. Un bugiardo, invece, è antipatico e diffidato da tutti. Allah non si compiace di lui. A causa delle sue bugie finisce nel vizio e nella dannazione. Dire bugie è, infatti, la fonte di tutti i vizi. A questo proposito, è stato raccontato un famoso aneddoto: Una volta un uomo confessò al Profeta (SM) che era solito rubare, mentire e commettere altri atti orribili. L'uomo chiese allora al Profeta (SM) a quale di questi dovesse rinunciare per primo per evitare tutti gli altri atti immorali. Il grande Profeta (SM) gli consigliò innanzitutto di smettere di mentire. Da quando quest'uomo smise di mentire, fu liberato da tutte le altre attività peccaminose.

- **Elemento folkloristico:** Folclore

4.1.6.1.3 Islam ed educazione morale: Classe quinta

Le risorse specificate nel curriculum e nelle competenze raggiungibili sono in armonia con i contenuti del libro di testo, Islam ed educazione morale, destinato agli alunni della quinta classe. Le componenti popolari si trovano nei più piccoli dettagli del contenuto dell'argomento e nelle competenze raggiungibili. Le parti seguenti presentano le componenti popolari menzionate nel tema.

Spiegazione del libro di testo

Il terzo capitolo del libro tratta delle caratteristiche ammirevoli del carattere umano. Obbedire ai genitori, comportarsi bene con gli ospiti, mostrare gentilezza verso gli animali, servire gli esseri umani, assistere i malati, stare dalla parte degli indigenti, degli orfani e dei poveri indifesi, tendere la mano ai vicini bisognosi, vivere in armonia con loro, mostrare buone maniere ai compagni di classe, dire la verità, essere rispettosi con gli insegnanti e avere affetto per i giovani sono solo alcuni esempi. Gli studenti sono incoraggiati a sviluppare valori morali eccellenti, evitando tratti negativi come la dipendenza da qualcosa di distruttivo. Ecco come viene rappresentato un episodio ideale che illustra l'importanza di avere un eccellente carattere morale: Quando Hazrat Abdul Quadir Jilani (R) stava viaggiando con una carovana verso Baghdad per proseguire gli studi, la carovana fu attaccata da una banda di ladri lungo la strada. Uno dei ladri chiese al giovane Abdul Quadir Jilani se avesse con sé qualcosa di prezioso dopo che il gruppo aveva preso tutti i beni degli altri membri della carovana. Nonostante le conseguenze, il giovane disse la verità, poiché sua madre gli aveva ordinato di dire sempre la verità. La banda di briganti si sentì umiliata e si pentì dei loro precedenti misfatti dopo aver assistito all'onestà e all'integrità di questo meraviglioso santo. Inoltre, i briganti si correggono grazie alla sua sincerità. La necessità di un buon carattere morale per raggiungere la perfezione nella vita umana è stata dimostrata attraverso il racconto di questa storia ideale.

- **Elemento folkloristico:** Folclore

    Servire le creature: Aiutare i bisognosi, i poveri e gli indigenti, assistere i malati, avere compassione per gli altri, essere servizievoli, contribuire con denaro, mostrare cortesia verso i vicini presentando regali, comportarsi bene con tutti, non fare del male a nessuno, non dire bugie, educare gli analfabeti, evitare il taglio indiscriminato degli alberi e piantare sempre più alberi per migliorare l'ambiente sono tra gli insegnamenti fondamentali dell'Islam. Le persone devono seguire queste regole islamiche per ricevere la misericordia e la benedizione di Allah. Inoltre, l'episodio di Fuad, uno studente di quinta elementare, è stato utilizzato per illustrare la magnificenza del servizio e della cooperazione verso tutte le creature di Allah.

- **Elemento folkloristico:** Folclore

    Il perdono: Perdonare è una virtù divina. Allah, l'Eccelso, è un Dio misericordioso. È un grande sostenitore del perdono. Perdona coloro che sono in grado di controllare la loro rabbia e di perdonare gli altri. Quindi, se qualcuno si pente dopo aver tenuto un comportamento ingiusto, deve essere perdonato. Deve essere trattato con rispetto e gli si deve consigliare di non commettere mai più atti così efferati. Inoltre, bisogna pregare Allah affinché li perdoni. A titolo di esempio, è stata citata una storia ideale del grande Profeta (SM): Una volta il Profeta fu perseguitato dalla gente di Taef, insieme al suo figlio adottivo. Nonostante fossero tormentati fino a sanguinare, il Profeta non li maledisse. Anzi, implorò Allah di perdonarli per la loro ignoranza.

- **Elemento folkloristico:** Folclore

    Onestà: l'onestà e la veridicità sono tra le caratteristiche umane più apprezzate e vengono sempre premiate. Ad esempio, sono stati riportati l'aneddoto del grande santo Abdul Quadir Jilani (R) e l'episodio esemplare di Hazrat Omar (R) che ricompensa la cameriera di Madina, incredibilmente onesta e sincera, dopo aver ascoltato la conversazione della cameriera con la madre sull'importanza di essere onesti.

- **Elemento folkloristico:** Folclore

    Prendersi cura dei genitori: È responsabilità dei figli prendersi sempre cura dei genitori. I figli devono anche trattare i genitori con onore e rispetto e astenersi dal disobbedire loro. Inoltre, i figli devono pregare Allah, offrire salat non obbligatorie e fare la carità o dare un contributo monetario per la salvezza delle anime morte dei loro genitori. I giovani studenti sono ispirati ad aiutare le loro madri ascoltando la leggenda del grande santo Bayazid Bostami (R), che trascorse l'intera notte in piedi con un bicchiere d'acqua per la madre malata.

- **Elemento folkloristico:** Folclore

  Dignità del lavoro: La chiave del successo è una combinazione di industria e impegno. Tutti, indipendentemente dall'età o dal livello di alfabetizzazione, faticano e lavorano duramente. I lavoratori devono essere trattati con rispetto. Devono essere trattati con rispetto e amore. Il grande Profeta svolgeva un lavoro personale che gli piaceva molto. Ogni credente ha ricevuto dal Profeta l'istruzione di pagare il salario ai lavoratori prima che il loro sudore si asciughi. È stata raccontata una storia simile su uno studente di quinta elementare di nome Fuad, che non esita a completare il proprio lavoro.

- **Elemento folkloristico:** Folclore

  Hazrat Adam (A): Hazrat Adam (A) fu il primo uomo e Profeta ad arrivare sul pianeta. Tutti noi discendiamo da lui. Hazrat Adamo (A) e Hazrat Haowa (Eva) vissero per sempre felici e contenti (A). Ma un giorno, sotto l'influenza del diavolo, mangiarono il frutto proibito da Allah. Furono mandati sulla Terra perché avevano disobbedito ad Allah. Adamo (A) e sua moglie si pentirono del loro peccato e supplicarono sinceramente Allah di perdonarli. Allah l'Eccelso ascoltò le loro preghiere e alla fine li perdonò. L'approvazione dell'Islam spinge le persone ad aderire al sentiero di Allah.

- **Elemento folkloristico:** Folclore

  Hazrat Nuh (A): Hazrat Nuh (A) era un sincero predicatore della giustizia e della verità. La distruzione definitiva dei peccatori e il successo infallibile dei giusti sono illustrati dalla narrazione del suo aneddoto. Mentre predichiamo la verità e la giustizia, possiamo essere afflitti e torturati, ma in questa situazione siamo incoraggiati a

rimanere fedeli sul sentiero di Allah e ad avere una fede incrollabile nella Sua misericordia.

- **Elemento popolare:** Folclore (Leggenda)

  Hazrat Sulaiman (A): Hazrat Sulaiman (A) era il monarca della Palestina e il figlio di Hazrat Daud (A). Era anche un Profeta di Allah. Aveva il dominio sui Jinn, sugli animali, sulle piante e su altre forze naturali come l'aria. Possedeva un acuto senso del discernimento. Una volta, due donne arrivarono alla corte di Hazrat Daud (A) con un neonato. Ognuna di loro rivendicava il bambino come proprio figlio. L'equo giudizio doveva essere emesso da Hazrat Sulaiman (A). Egli escogitò uno stratagemma: fece dividere il bambino in due parti uguali e ne distribuì una metà a ciascuna delle donne per scoprire la vera madre. La madre vera urlò e rinunciò alla paternità per paura che il bambino morisse, ma la madre falsa rimase impassibile. Di conseguenza, la vera madre è stata scoperta. Il bambino fu affidato alla vera madre e la falsa madre fu punita. Il Profeta Sulaiman stabilì la giustizia in questo modo (A). Seguendo le istruzioni di Allah, costruì il sacro Baitul Muqaddas nella sua vecchiaia. Raccontando le caratteristiche significative della vita di Hazrat Sulaiman (A), si incoraggia ad adorare solo Allah, ad essere giusti e a non vantarsi.

- **Elemento popolare:** Folclore (Leggenda)

4.1.6.2 La religione indù e l'educazione morale

Il Creatore e la Sua creazione, Dio, le dee e l'adorazione, gli uomini e le donne famosi e la priorità, i libri religiosi e la simpatia, l'onestà e la veridicità, la buona salute e l'esercizio fisico, il patriottismo, i templi e i santuari sono i fondamenti della religione e dell'educazione morale indù. I suddetti rudimenti sono contenuti nei libri di testo e nel programma di studi della religione e dell'educazione morale indù per gli studenti della scuola primaria.

Le parti successive presentano i materiali e le competenze raggiungibili specifiche della classe in relazione alle componenti folkloristiche. Inoltre, gli aspetti folkloristici vengono sottolineati utilizzando dati verificati.

4.1.6.2.1 La religione indù e l'educazione morale: Classe terza

I contenuti tematici del libro di testo e quelli delle competenze acquisibili sono armoniosamente correlati, secondo un'analisi esaustiva del curriculum e del libro di testo intitolato Religione indù ed educazione morale per la classe terza. Gli elementi folkloristici sono osservati nelle sezioni più piccole dei contenuti delle materie e delle competenze acquisibili. Queste componenti popolari sono trattate nelle parti seguenti attraverso la spiegazione del libro di testo.

Spiegazione del libro di testo

Sentimento per il prossimo: La capacità di provare affetto per il prossimo è un attributo importante. È una pratica religiosa. Si raccomanda di avere compassione per tutte le persone, indipendentemente dalla casta o dal credo. La tristezza e la sofferenza degli altri devono essere trattate come se fossero proprie. Le persone che sono in difficoltà devono essere assistite. Anche le persone di diverse fedi dovrebbero essere trattate con rispetto e simpatia. La storia reale di Mamata e Kamol è stata utilizzata per trasmettere la lezione del sentimento di solidarietà. È stata rappresentata una scena del Mahabharata con le simpatie di Arjuna. Inoltre, si raccomanda a tutti di essere empatici nei confronti dei bambini con bisogni speciali.

- **Elemento folkloristico:** Folclore

    Modestia e decenza: La religione richiede modestia. Il rispetto e l'onore sono esaltati dalla modestia. Per essere grandi, è fondamentale iniziare in piccolo. La qualità che contraddistingue una persona pia è la decenza. Salutare i nostri anziani, fare loro domande con gentilezza, servirli e alzarsi per mostrare rispetto agli insegnanti quando entrano in classe sono tutti esempi di decenza. Inoltre, possiamo dimostrare la nostra educazione facendo gli auguri ai nostri amici. Per esempio, sono stati citati il pudore e la modestia di Yudhisthira nei confronti dei suoi avversari durante il conflitto.

- **Elemento folkloristico:** Folclore

    Rispetto per gli anziani: Il rispetto per gli anziani è uguale al rispetto per Dio. Servire i genitori e gli anziani è un ottimo modo per acquisire un'immensa virtù. È anche una buona idea rispettare i fratelli maggiori e gli insegnanti. La necessità di portare rispetto agli istruttori è stata evidenziata dall'aneddoto di Aruni.

- **Elemento folkloristico:** Folclore

  Patriottismo: Il patriottismo è un concetto religioso. Ogni individuo sincero e religioso adora la propria patria. È disposto a mettere in gioco la propria vita per il bene del Paese. Si suggerisce di dimostrare il patriottismo raccontando l'episodio del Ramayana di Kart-Birjarjun.

- **Elemento folkloristico:** Folclore

  Templi e santuari: Visitare templi e santuari aumenta la religione e la dedizione. I santuari sono luoghi sacri e i devoti si santificano visitandoli. Ci sono diversi templi e santuari elencati e si consiglia di visitarli per essere santificati.

- **Elemento folkloristico:** Leggenda popolare e pittura popolare.

  Onestà: l'onestà consiste nel dire sempre la verità e nel vivere una vita sincera. L'onestà comprende sia il pensiero che le azioni oneste. Tutti ammirano e rispettano le persone oneste. Esse ottengono l'approvazione degli dei. La parabola del taglialegna e della dea dell'acqua illustra la ricompensa finale dell'onestà.

- **Elemento folkloristico:** Folclore

  Verità: La verità è religione; trionfa ovunque e sconfigge la falsità. C'è Dio dove c'è verità. Per diventare un sincero devoto di Dio, per ricevere amore da tutti e per vivere una vita veritiera, è necessaria l'onestà. Si suggerisce di ottenere la veridicità narrando la storia di Prahlada e della veridicità di Hiranykashipu.

- **Elemento folkloristico: Folclore**

  Patriottismo: Il patriottismo è una componente essenziale della religione. Un vero essere umano è definito dall'onestà, dal rispetto delle promesse, dal patriottismo e dall'amore per l'umanità. Il patriottismo è uno stile di vita e un vero patriota deve lavorare per il benessere e la prosperità generale del Paese. Se gli avversari attaccano la madrepatria, questa deve essere difesa. Per illustrare l'importanza dell'amore per la propria terra natale e del patriottismo è stato utilizzato un episodio del Mahabharata sui sentimenti patriottici di Jana.

- **Elemento folkloristico:** Folclore

    Templi e santuari: È stata sviluppata una presentazione completa dei vari templi e santuari e si raccomanda che la visita ai templi e ai santuari crei un senso di devozione. Le persone si santificano facendo il bagno nell'acqua santa dei santuari perché sono sacrosanti. Si raccomanda a tutti di visitare i templi e i santuari.

- **Elemento folkloristico:** Leggenda popolare e pittura popolare.

4.1.6.2.2 La religione indù e l'educazione morale: Classe quarta

Le risorse tematiche stabilite nel curriculum e nelle competenze raggiungibili sono in armonia con i contenuti del libro di testo Religione indù ed educazione morale per gli alunni della quarta classe. Le componenti popolari si trovano nei più piccoli dettagli dei contenuti tematici e nelle competenze raggiungibili. Le componenti popolari sono fornite nelle sezioni seguenti attraverso la spiegazione del libro di testo.

Spiegazione del libro di testo

Santi ed eremiti: I santi e gli eremiti erano persone sagge. Attraverso la meditazione, erano in grado di superare l'avidità e la lussuria. Desideravano il benessere dell'umanità ed erano disposti a mettere in gioco la propria vita per questo. Secondo i racconti di San Visvamitra e dell'istruito Gargee, si consiglia di compiere lavori eccezionali, di non essere orgogliosi di nulla e di apprezzare le persone intelligenti.

- **Elemento folkloristico:** Folclore

    Sacrificio e liberalità: Modestia, civiltà, sacrificio e liberalità sono tra le caratteristiche umane più ammirevoli. Le persone impegnate sono disposte a mettere in gioco la propria vita per il bene del Paese e dell'umanità. I liberali hanno modestia, decoro, semplicità, perdono e carità in abbondanza. Hanno la stessa quantità di amore e simpatia per tutti. La narrazione di San Dadhichi è stata utilizzata per comunicare il messaggio di sacrificio e generosità.

- **Elemento folkloristico:** Folclore

4.1.6.2.3 La religione indù e l'educazione morale: Classe quinta

Le risorse tematiche approvate nel curriculum e le competenze raggiungibili sono in armonia con i contenuti del libro di testo, Religione indù ed educazione morale, sviluppato per gli studenti della quinta classe. Le componenti popolari si trovano nei più piccoli dettagli dei contenuti degli argomenti e delle competenze raggiungibili. Le componenti popolari sono fornite nelle sezioni seguenti attraverso la spiegazione del libro di testo.

Spiegazione del libro di testo

Non-malizia e benevolenza: L'assenza di malizia è una virtù straordinaria. Significa non essere invidiosi degli altri, non desiderare le disgrazie altrui anche se ciò significa sacrificare la propria felicità e consigliare gli altri su come avere una vita felice. La religione include la benevolenza. Il benessere degli altri si ottiene attraverso la compassione. La benevolenza porta grande gioia alle persone buone. È stata rivelata la non-malvagità di Bashista, così come l'episodio di Kunti che manda suo figlio Bhima a uccidere il mostro Baka per il benessere del popolo.

- **Elemento folkloristico:** Folclore

Patriottismo: Il più alto attributo umano è il patriottismo. Disciplina, perseveranza, patriottismo e altri attributi sono necessari per raggiungere la pietà. Inoltre, è necessario garantire l'applicazione di queste meravigliose capacità nella vita reale. Per illustrare la grandezza del patriottismo è stato riportato un episodio del Mahabharata, in cui la regina Bidula inviò suo figlio ad affrontare la terribile guerra per l'indipendenza del Paese dopo la morte del re Sourvir. "La morte per l'indipendenza del Paese è sicuramente la morte di un grande eroe", disse al figlio. Il risultato fu che alla fine suo figlio fu vittorioso.

- **Elemento folkloristico:** Folclore

Tradizioni e cultura: Puja-Parvana e luoghi sacri: Gli idoli degli dei e delle dee addobbati con fiori come il loto, così come le loro forme, i gioielli, i portatori e le armi, sono di una bellezza mozzafiato. Questi dei e queste dee sono ospitati in vari templi e adornati con meravigliose opere d'arte. Le lastre di terracotta che sono state utilizzate per curvare molti episodi del Ramayana e del Mahabharata sulle pareti del tempio Kantaji di Dinajpur sono uniche in termini di bellezza e costruzione. I monasteri dei santi e degli eremiti sono stati utilizzati per creare destinazioni sacre o pellegrinaggi. Alpana esalta l'aspetto dei componenti della Puja. La grandiosità della decorazione dei templi durante la Puja-Parvana è sicuramente degna di nota. La nostra cultura e i nostri costumi sono rappresentati da luoghi sacri, pellegrinaggi e Puja-Parvana, che comprendono Mahalaya, Doljatra e Chaitra Sangkranti.

- **Elemento folkloristico:** Pittura popolare / decorazione ornamentale popolare e festa popolare.

4.1.6.3 Religione buddista ed educazione morale

Gautama Buddha, il lavoro di routine e il saluto, l'adorazione e la carità, l'educazione morale, il digiuno, l'industria, l'introduzione al Tripitaka, il lavoro e i suoi effetti, il Buddha, i discepoli e gli apprendisti di Gautama Buddha, i Jatak (storie della nascita di Buddha), la luna piena, le occasioni e le feste religiose, l'armonia, l'amicizia sociale e interreligiosa, la religione e il patriottismo, la natura e l'ambiente e così via sono alcuni dei fondamenti della religione e dell'educazione morale buddista. I suddetti rudimenti sono riportati nei libri di testo e nel programma di studi della religione buddista e dell'educazione morale per gli studenti della scuola primaria.

Le sezioni seguenti contengono materiale didattico e competenze raggiungibili a livello di classe per quanto riguarda gli elementi folkloristici. Inoltre, gli aspetti folkloristici sono spiegati utilizzando dati verificabili.

4.1.6.3.1 Religione buddista ed educazione morale: Classe terza

Le risorse tematiche consentite nel curriculum e nelle competenze raggiungibili sono in armonia con i contenuti del libro di testo Religione buddista ed educazione morale, scritto per gli alunni della terza classe. Le componenti folkloristiche si trovano nei più piccoli dettagli dei contenuti degli argomenti e nelle competenze raggiungibili. Gli aspetti popolari sono forniti nelle parti seguenti attraverso la spiegazione del libro di testo.

Spiegazione del libro di testo

Siddharta Gautama: Siddharta Gautama da bambino non amava le grida e i pianti, preferendo invece stare seduto in silenzio. Non sopportava la morte degli insetti e di altri piccoli animali. Una volta osservò un cigno trafitto da una freccia e si dispiacque per la sua sofferenza. Si prese cura del cigno e poi lo liberò nel cielo. Si esorta qui a dimostrare gentilezza verso tutti gli esseri viventi descrivendo numerosi episodi di Gautama Buddha, tra cui la sua nascita, la sua compassione e la sua disponibilità verso le piccole creature anche in età immatura.

- **Elemento popolare:** Folclore (Leggenda)

    Adorare con i fiori: L'adorazione purifica la psiche umana. Sono necessari rituali mattutini, pulizia, composizioni floreali e un'adorazione riverente di Triratna con un cuore puro.

- **Elemento folk:** Ballata (rima)

    Divisione del lavoro: Le azioni, secondo Buddha, sono le più importanti. Solo i frutti della propria semina possono essere raccolti. Quando qualcuno compie un lavoro straordinario, tutti lo applaudono. Dall'altra parte, tutti disprezzano chi fa cose cattive. Il buon lavoro porta alla felicità e alla virtù, mentre il lavoro cattivo porta alla miseria e al peccato. Si raccomanda di svolgere un buon lavoro piuttosto che un'attività malvagia, esprimendo le pericolose conseguenze del danneggiare gli altri e dell'ucciderli, nonché la deliziosa ricompensa dell'onorare gli anziani, dell'offrire carità, del non arrabbiarsi e dell'assistere gli altri.

- **Elemento folkloristico:** Folclore

    Purnima e feste religiose: Le feste religiose si tengono durante le sere di luna piena per ricordare le idee di Buddha. Buddha Purnima, Ashari Purnima, Probarana Purnima, Maghi Purnima, Falguni Purnima e altri festival buddisti sono tra questi. La pratica del culto (Puja), la beneficenza e la partecipazione alle congregazioni religiose sono occasioni per stringere amicizie, scambiare prospettive con i vicini e socializzare con le persone in un ambiente piacevole, come dimostra la discussione di molte festività religiose. Oltre a stabilire l'onestà, si raggiunge un'immensa virtù.

- **Elemento folkloristico:** Tradizioni

    Luoghi sacri di pellegrinaggio: I luoghi di pellegrinaggio sono luoghi sacri. Esistono due tipi di luoghi di pellegrinaggio: i pellegrinaggi e i Mahatirtha. I nomi di quattro Mahatirtha sono indicati insieme a pellegrinaggio e Mahatirtha. Lumbini, Buddhagaya, Saranath e Kushinagar sono i quattro. Visitare i luoghi sacri di pellegrinaggio è un atto di virtù. Le persone possono acquisire un'istruzione utile, mescolarsi con altre persone e conoscere monaci pii e prudenti. Di conseguenza, gli uomini sviluppano armonia e amicizia pacifica, le persone diventano più liberali e il patrimonio e la religione fioriscono. Di conseguenza, si raccomanda a tutti di visitare i luoghi sacri di pellegrinaggio.

- **Elemento folkloristico:** Tradizioni

4.1.6.3.2 Religione buddista ed educazione morale: Classe quarta

Le risorse tematiche consentite nel curriculum e nelle competenze raggiungibili sono in armonia con i contenuti del libro di testo Religione buddista ed educazione morale, scritto per gli alunni della quarta classe. Le componenti folkloristiche si trovano nei più piccoli dettagli dei contenuti degli argomenti e nelle competenze raggiungibili. Gli aspetti popolari sono forniti nelle parti seguenti attraverso la spiegazione del libro di testo.

Spiegazione del libro di testo

Culto con acqua e cibo: In base ai requisiti igienici, il culto con il cibo viene offerto prima delle dodici di mezzogiorno. Inoltre, il culto delle bevande si riferisce alla presentazione e all'adorazione di molti tipi di materiali da bere davanti a Buddha. L'adorazione purifica l'anima e infonde un senso di gentilezza nell'intelletto. Nei panegirici si raccomanda di offrire pietà ai poveri e agli impoveriti, di nutrire gli affamati, di vestire gli ignudi e di dare rifugio ai senzatetto.

- **Elemento folk:** Ballata

    Uposathshila: lo shila deve essere osservato per ottenere una condotta eccellente. Il digiuno è definito Uposathshila. L'Uposathshila è stato stabilito dal Buddha per il bene dell'umanità e per rendere la vita umana ammirevole. Per eseguire l'Uposathshila bisogna vestirsi bene, avere un atteggiamento calmo, raccogliere gli elementi dell'offerta e inginocchiarsi. L'Uposathshila allevia l'angoscia mentale e ci insegna a controllare i nostri pensieri. 1. Uccidere la vita 2. Prendere oggetti non offerti sono gli Ashtashila (otto principi di restrizione) menzionati in Pali e in inglese. 3. Il piacere della carne Dire bugie è il numero quattro e assumere sostanze inebrianti è il numero cinque. 6. Cenare nel pomeriggio 7. Ascoltare musica, assistere a spettacoli di danza, mettere cosmetici profumati e indossare armamenti costosi 8. Stare sdraiati su un letto alto e di valore. Le azioni sopra menzionate devono essere evitate per poter svolgere l'Ashtashila. La necessità di osservare l'Ashtashila per ottenere virtù come l'autocontrollo, la veridicità, l'educazione e la gentilezza verso gli esseri viventi è stata evidenziata da vari aneddoti.

- **Elemento folkloristico:** Folclore

    Azioni buone e azioni cattive: Sono i comportamenti degli esseri viventi a definire se sono i migliori o i peggiori. Solo i frutti della propria semina possono essere raccolti. Uccidere la vita, curare gli esseri viventi, covare pensieri di invidia, essere avari di generosità e altri comportamenti immorali hanno conseguenze terribili. Non uccidere nessuno, fare la carità, non avere pensieri invidiosi, offrire adorazione alle persone meritevoli, non essere orgogliosi, accogliere le persone meritevoli e così via sono esempi di attività eccellenti che portano un'enorme ricompensa a chi le compie. Agli allievi più teneri si consiglia di compiere costantemente buone azioni, di mostrare rispetto agli anziani, di obbedire ai vecchi, di fare la carità agli indigenti, di non affliggere gli animali, di non recare dolore ai genitori e di tenersi lontani dai comportamenti malvagi presentando aneddoti pertinenti. Inoltre, è consigliabile tenere sempre presenti il Buddha, la religione e il Sangha.

- **Elemento folkloristico:** Folclore

    I discepoli e gli apprendisti di Gautama Buddha: I seguaci e gli apprendisti di Gautama Buddha erano tutti giusti e generosi. Infondevano nelle persone il valore della gentilezza, della temperanza, della disciplina e di una visione liberale. Alcuni di loro erano tolleranti verso le altre fedi. Leggendo la loro biografia possiamo essere guidati verso la verità e la vita può essere bella e di successo. Per motivare i giovani studenti sono stati raccontati alcuni episodi sorprendenti che hanno coinvolto Mahakashyapa Thero, Bangish Thero, Mahaprojapati Gautami e l'imperatore Ashoka, famosi seguaci e apprendisti del Buddha.

- **Elemento popolare:** Folclore (Leggenda)

    La luna piena e le cerimonie: Poiché la luce della luna piena è rilassante e incantevole, i principali eventi della vita del Signore Buddha si sono verificati nelle sere di luna piena. Di conseguenza, i buddisti organizzano feste religiose ogni luna piena. Le cerimonie sono feste religiose e familiari che si tengono in giorni diversi dalle notti di luna piena. Sono stati esplorati anche gli eventi significativi della vita di Buddha durante Ashwini, Shrabani, Falguni e Madhu Purnima.

- **Elemento popolare:** Folclore (Leggenda)
  Pellegrinaggi e luoghi storici: Nel Buddismo esistono numerosi pellegrinaggi e luoghi storici. La riverenza e la visita a questi luoghi sacri si traducono in un'immensa virtù. I luoghi sacri sono classificati in due categorie e viene spiegata la distinzione tra i pellegrinaggi e le terre più sacre. Gli studenti sono invitati a mostrare rispetto e a visitare luoghi storici e sacri come Kapilabastu, Rajgriha, Nalanda, Maynamati e Chakrashala, dopo aver ascoltato gli eventi relativi a questi luoghi.
- **Elemento folkloristico:** Folclore

4.1.6.3.3 Religione buddista ed educazione morale: Classe quinta

Le risorse tematiche consentite nel curriculum e nelle competenze raggiungibili sono in armonia con i contenuti del libro di testo Religione buddista ed educazione morale, scritto per gli alunni della quinta classe. Le componenti popolari si trovano nei più piccoli dettagli dei contenuti degli argomenti e nelle competenze raggiungibili. Gli aspetti popolari sono forniti nelle parti seguenti attraverso la spiegazione del libro di testo.

Spiegazione del libro di testo

Puja (offerta) e donazione: Le offerte possono aiutare a ottenere molte virtù. Si respira un'atmosfera di pace e di ispirazione per le buone azioni. Come l'aroma della resina si diffonde in tutte le direzioni, così i benefici delle nostre buone azioni. L'illuminazione temporanea delle candele nell'Offerta di Luce simboleggia l'impermanenza di ogni cosa nel mondo. La gelosia, l'avidità e l'illusione sono tutte bandite dalla mente umana dallo spirito dell'impermanenza. È necessario ricordare i tratti nobili del Buddha per essere liberi da ogni tipo di sete.

Donazione: Il significato della donazione è incommensurabile. Attraverso il contributo, le menti umane si santificano e si disilludono. Quando donano, le persone sono empatiche nei confronti dei vulnerabili. I tre criteri che i donatori devono considerare prima di donare denaro in beneficenza sono: 1. il denaro deve essere ottenuto in modo onesto e deve essere donato in modo disinteressato. 2. Quando dona, il donatore deve essere privo di avidità, gelosia e illusione. 3. Le donazioni devono andare alle persone giuste; in questa situazione, le persone più virtuose sono quelle che meritano di più. Dopo aver esaminato la suddivisione delle donazioni, si raccomanda di fare una donazione all'Associazione dei monaci durante il soggiorno in Bihar. Inoltre, si possono fare donazioni per aiutare i vicini bisognosi e i compagni di classe poveri ad acquistare beni di prima necessità. Se qualcuno regala una parte del proprio cibo a qualche creatura affamata fin dall'infanzia, si crea l'abitudine alla donazione. Inoltre, è l'atto di donare che rende l'esistenza umana bella e gioiosa.

Elemento folk: Ballata

Shramonnoshila: La moderazione, l'onestà, l'etichetta, l'amore per gli esseri senzienti e la tolleranza del lusso sono alcuni dei tratti morali desiderabili che si possono ottenere seguendo Shila. La Shila può aiutare a stare lontani dal furto, dall'alcolismo e da uno stile di vita edonistico. Le persone devono calmare i loro corpi, le loro menti e le loro parole per poter fare del bene. Le persone che si dedicano a lavori non etici sono definite Dashashil, ovvero prive di carattere. Un uomo che non ha un carattere morale decente è una bestia. Una persona senza personalità è antipatica a tutti. Si raccomanda di evitare la compagnia di persone depravate e di seguire invece persone meravigliose. Le persone ammirano e venerano coloro che hanno un buon carattere morale.

Gli Shramonnoshila da evitare sono: 1. uccidere qualsiasi creatura vivente e 2. prendere oggetti non offerti. 3. Vivere una vita impura, 4. Dire bugie, 5. Consumare bevande inebrianti e 6. Consumare una cena serale. Consumare una cena 7. Partecipare a canti, balli o altre forme di intrattenimento durante le feste. 8. Indossare ghirlande, profumi e cosmetici. 9. Dormire in letti o carrozze rialzate. 10. Vestirsi con metalli scintillanti come l'oro o l'argento. Le persone che osservano lo Shila sono dotate di una pletora di ricchezze, le loro buone azioni sono riconosciute e non hanno paura di agire. Muoiono mentre sono coscienti e rinascono in cielo dopo la morte. Si consiglia agli studenti più esigenti di osservare correttamente lo Shila dopo averne compreso il significato.

Elemento folk: Ballata popolare

L'azione e la sua conseguenza: Le azioni di tutti gli esseri viventi sono secondarie rispetto alle proprie. L'uomo raccoglie solo i frutti delle sue azioni. Buddha consiglia di abbandonare tutti i vizi, di purificare la propria mente e di compiere sempre buone azioni. Le persone rette traggono molta gioia dal compiere buone azioni. L'obiettivo delle buone azioni è migliorare la vita degli altri. Le persone che compiono buone azioni beneficiano se stesse e ricevono lodi dagli altri. D'altro canto, poiché le attività malvagie sono pericolose, chi le compie è disprezzato dagli altri. Chi vuole fare del male agli altri, inavvertitamente fa del male a se stesso e, di conseguenza, finisce all'inferno. Chi vuole fare del male agli altri, inavvertitamente fa del male a se stesso e, di conseguenza, finisce all'inferno. Le azioni decidono se le creature viventi sono migliori o inferiori, quindi è necessario che tutti ripetano le buone azioni per purificare il corpo, la mente e lo spirito. Le persone virtuose mantengono la mente calma, sono prive di gelosia, animosità e avidità, compiono azioni rette, evitano le azioni profane e parlano bene con un senso eccellente, compiendo buone azioni.

Quando un uomo pensa di fare qualcosa di buono, sviluppa il senso delle azioni eccellenti. Gli individui saggi sono benedetti dalla beatitudine e compiono sempre buone azioni. Agli allievi più teneri si consiglia di compiere buone azioni come rispettare gli anziani, aiutare sempre gli indifesi, compiere azioni rette, comportarsi bene con gli altri, fare la carità e ispirare gli altri a donare, e osservare Shila raccontando due aneddoti sulla ricompensa delle buone azioni e la punizione delle cattive azioni dopo la rinascita.

- **Elemento folkloristico: Folclore**

    Discepoli domestici e Sravak di Gautama Buddha: I discepoli Sravak sono individui che hanno percorso la strada sopramundana e hanno acquisito esperienza tra i discepoli del Buddha. Thera si riferisce a coloro che hanno raggiunto un certo livello di saggezza e di età. Le monache sono note anche come Theri. I discepoli domestici sono coloro che venerano guidando la vita di una famiglia. Ananda Sthavir, Anuruddha Sthavir, Utpal Barna, Purnika, il re Bimbisar e il medico reale Jivak, tra i principali seguaci e apprendisti di Gautama Buddha, hanno avuto la vita illuminata. I giovani studenti vengono istruiti a seguire le loro gesta e a ottenere magnifici attributi come la modestia, l'onestà, la razionalità, la soppressione della superbia, la cooperazione, la moderazione, la gentilezza, il galateo e la disponibilità, raccontando le loro vite perfette.

- **Elemento folkloristico:** Folclore

4.1.6.4 Religione cristiana ed educazione morale

I rudimenti su cui si basa il libro di testo intitolato Religione cristiana ed educazione morale per il livello primario Religione cristiana ed educazione morale per il livello primario sono: gli esseri umani e la fonte dell'umanità, lo scopo della creazione, il corpo, la mente e l'anima, Dio, la santa trinità, la sconfitta e la punizione del diavolo, la Bibbia, i dieci comandamenti di Dio, il peccato, la nascita del Salvatore, Gesù il Salvatore, i doni e i frutti dello Spirito Santo, la Chiesa cristiana, Madre Teresa - il modello di servizio, la morte e la resurrezione, il credo, il terremoto, il tornado, il ciclone, la partecipazione dei martiri cristiani alla guerra di liberazione del Bangladesh.

Nei segmenti successivi vengono presentati i materiali e le competenze raggiungibili a livello di classe in relazione agli elementi folkloristici. Inoltre, gli elementi popolari sono spiegati sulla base delle informazioni documentate.

4.1.6.4.1 Religione cristiana ed educazione morale: Classe terza

I discepoli Sravak sono individui che hanno percorso la strada del Supramundano e hanno acquisito esperienza tra i discepoli del Buddha. Thera si riferisce a coloro che hanno raggiunto un certo livello di saggezza e di età. Le monache sono note anche come Theri. I discepoli domestici sono coloro che venerano guidando la vita di una famiglia. Ananda Sthavir, Anuruddha Sthavir, Utpal Barna, Purnika, il re Bimbisar e il medico reale Jivak, tra i principali seguaci e apprendisti di Gautama Buddha, hanno avuto la vita illuminata. I giovani studenti vengono istruiti a seguire le loro gesta e a ottenere magnifici attributi come la modestia, l'onestà, la razionalità, la soppressione della superbia, la cooperazione, la moderazione, la gentilezza, il galateo e la disponibilità, raccontando le loro vite perfette.

Peccato: viene illustrato come Adamo ed Eva disobbedirono a Dio e furono spinti sulla terra come punizione per aver preso il frutto proibito. Si discute anche del fatto che dire bugie, rubare e fustigare sono attività peccaminose, così come l'espressione dell'odio. Si discute anche del peccato, dei tipi di peccato, delle conseguenze di chi lo commette e del modo di ottenere la redenzione. Per insegnare l'educazione morale, viene illustrata la storia del figlio perduto e del padre che perdona. Inoltre, per essere obbedienti a Dio e seguire la strada giusta, vengono presentate le preghiere.

- **Elemento folkloristico:** Folclore

    La nascita del Salvatore: Gli esseri umani erano imprigionati nella custodia del peccato iniziale dei loro antenati. Gesù Cristo è conosciuto come il Salvatore perché ha liberato le persone. Borodin" - il Grande Giorno - è il nome dato al compleanno di Gesù Cristo. In questa parte si parla della promessa di Dio per il Salvatore, dello scopo della sua venuta, degli eventi che circondano la nascita del Messia e dell'importanza di essergli fedeli. Per quanto riguarda il Cristo, si afferma che Dio ha promesso di inviare un salvatore sulla terra e che il salvatore è venuto sulla terra come essere umano per adempiere alla sua promessa.

- **Elemento popolare:** Folktale (leggenda)

    Morte e resurrezione: Gli esseri umani erano imprigionati nella custodia del peccato iniziale dei loro antenati. Gesù Cristo è conosciuto come il Salvatore perché ha liberato le persone. Borodin" - il Grande Giorno - è il nome dato al compleanno di Gesù Cristo. In questa parte si parla della promessa di Dio per il Salvatore, dello scopo della sua venuta, degli eventi che circondano la nascita del Messia e dell'importanza di essergli fedeli. Per quanto riguarda il Cristo, si afferma che Dio ha promesso di inviare un salvatore sulla terra e che il salvatore è venuto sulla terra come essere umano per adempiere alla sua promessa.

- **Elemento popolare:** Folclore (Leggenda)

4.1.6.4.2 Religione cristiana ed educazione morale: Classe quarta

Gli elementi tematici approvati nel curriculum e nelle competenze raggiungibili hanno una risonanza armoniosa con i contenuti del libro di testo Religione cristiana ed educazione morale per gli alunni della quarta classe. Le componenti popolari si trovano nei più piccoli dettagli dei contenuti tematici e nelle competenze raggiungibili. Nelle sezioni seguenti si cercherà di spiegare questi aspetti folkloristici. Questo libro contiene solo due elementi folkloristici, uno dei quali è una canzone popolare e l'altro è un racconto popolare.

Spiegazione del libro di testo

Peccato: disobbedire a Dio è un peccato grave. Anche lavorare per negligenza è un peccato. La decisione finale sarà presa in base all'atto di fedeltà. I doveri possono essere adempiuti quotidianamente compiendo piccoli atti di filantropia. L'obbligo dei cristiani nei confronti dei trascurati, gli insegnamenti di Gesù Cristo sulla responsabilità dei cristiani nei confronti dei trascurati, i significati sottesi agli insegnamenti di Gesù, il canto e le conseguenze dell'esecuzione e della mancata esecuzione dei compiti - sono tutti rappresentati in questo segmento. Il canto popolare è un elemento folkloristico.

- **Elemento popolare:** Folclore (Leggenda)

    Abramo - Il padre dei fedeli: Abramo credeva fermamente in Dio. Non ha mai reso omaggio a nessun altro dio se non a Dio. Era sempre disposto a realizzare il desiderio di Dio. Non ci pensò due volte a sacrificare il suo amato figlio Isacco per compiere la volontà di Dio. Con lui, Dio strinse un'alleanza d'amore eterna. Il canto popolare è un elemento popolare.

- **Elemento popolare:** Leggenda

4.1.6.4.3 Religione cristiana ed educazione morale: Classe quinta

I materiali tematici approvati nel curriculum e nelle competenze raggiungibili hanno un'affinità armoniosa con i contenuti del libro di testo, Religione cristiana ed educazione morale, destinato agli alunni della quinta classe. Le componenti folkloristiche si trovano nei più piccoli dettagli dei contenuti degli argomenti e nelle competenze raggiungibili. Nelle sezioni seguenti si cercherà di spiegare questi aspetti popolari.

Caino e Abele: il figlio maggiore di Adamo ed Eva era egocentrico, invidioso e ingrato verso Dio. Abele, il figlio minore, invece, era umile e grato a Dio. L'offerta del raccolto di Caino fu rifiutata da Dio perché non era stata fatta con buone intenzioni. Ma, a causa della gratitudine di Abele, accettò il suo contributo. Caino si infuriò e di conseguenza uccise Abele. Questo fatto dimostra che Dio vede e conosce tutto. Nulla può sfuggire alla sua attenzione. Dio ama tutti gli uomini allo stesso modo, ma è il peccato dell'uomo che distrugge il legame tra Dio e l'umanità.

- **Elemento popolare: Folclore (Leggenda)**

    Gesù il Salvatore: Gesù è venuto in questo mondo per salvare l'umanità. L'agonia di Gesù al Getsemani, invece, è stata quella di dover affrontare la morte soffrendo un dolore insopportabile. Il terzo giorno è risorto e ha incontrato i discepoli inviati. Poi è salito in cielo. Gesù, che è stato risuscitato dai morti, è costantemente con noi. Gesù ha pregato Dio di perdonare i suoi nemici mentre stava morendo. In effetti, Gesù voleva che le persone giurassero di non commettere peccati e facessero voti per evitarli.

- **Elemento popolare:** Folclore (Leggenda)

4.2 Conclusione

Secondo le nostre osservazioni e l'esame a tavolino, non esiste alcun libro di testo sugli elementi popolari in nessuna classe della scuola primaria. Inoltre, la quantità di elementi folkloristici inclusi nei libri di testo per le varie classi della scuola elementare è limitata.

Si scopre che nel libro di Bangla per la classe 1 ci sono capitoli su fiabe, filastrocche e cultura popolare. Alcuni capitoli su folklore, tradizioni popolari, filastrocche e arte popolare sono inclusi nel libro di Bangla per la classe seconda. Come il libro di testo di Bangla per la classe 2, anche quello di Bangla per la classe 3 tratta di filastrocche, racconti popolari, tradizioni popolari e belle arti popolari. Gli ornamenti popolari sono uno dei nuovi aspetti che gli alunni della classe 4 vengono introdotti. Nei libri di testo per la classe 1 inglese sono presenti rime, ma sono state inserite solo alcune filastrocche popolari. Nel libro di testo di inglese per la classe 2 sono presenti solo un racconto popolare e alcune poesie. Allo stesso modo, il libro di testo di inglese ha lo stesso numero di elementi folkloristici. Il libro di classe quarta ha un racconto popolare, un ornamento popolare e alcune rime. Tuttavia, la quantità di elementi folkloristici nel libro di testo di inglese per la classe 5 è aumentata. Questo libro contiene due racconti popolari, due leggende popolari e diverse rime.

Le tradizioni tradizionali, le feste popolari e la musica folk si trovano nel libro Bangladesh o Vishyaparichay per la classe terza. Il libro Bangladesh o Vishyaparichay per la classe 4 contiene lo stesso genere di elementi folkloristici. Tra gli aspetti folkloristici contenuti nel libro Bangladesh o Vishyaparichay per la classe 5 vi sono le tradizioni popolari, gli ornamenti folkloristici, le comunità etniche del Bangladesh e la loro vita.

Solo la cultura materiale è citata nei libri di testo di scienze per le classi 3, 4 e 5.

Il libro di religione ed educazione morale dell'Islam per la classe 3 contiene racconti popolari, leggende popolari, tradizioni popolari e altre componenti popolari. Anche nei romanzi per le classi 4 e 5 si trovano elementi folkloristici dello stesso genere. I racconti popolari, le leggende, i gioielli popolari e la tradizione popolare sono trattati in vari capitoli del libro di religione e di educazione morale indù per la classe terza. I racconti popolari, le leggende popolari e la tradizione popolare sono discussi nella classe 4 del libro di religione e educazione morale indù. Tuttavia, ci sono più componenti folkloristiche nel libro di religione ed educazione morale indù per la classe 5, che include capitoli sui racconti popolari, le leggende, la tradizione popolare, gli ornamenti popolari e le feste popolari. Nel libro di *religione cristiana e di educazione morale* per le classi 3, 4 e 5, ci sono capitoli su leggende popolari, tradizioni popolari, folklore e canzoni popolari.

Allo stesso modo, i capitoli sulle fiabe, le ballate, la tradizione popolare e la mitologia popolare possono essere trovati nei testi di religione e di educazione morale di Buddha per le classi 3, 4 e 5.

Si è scoperto che i libri di testo in Bangla per tutti i corsi della scuola primaria presentano più elementi folkloristici rispetto agli altri libri di testo. In tutti i libri di testo del curriculum di base c'è un riflesso limitato delle componenti folkloristiche, perché molti di essi includono la pittura folkloristica, ma non c'è un capitolo diretto sugli elementi folkloristici in questi libri.

CAPITOLO 5 : INDAGINE SUI RIFLESSI DEGLI ELEMENTI FOLK PRATICATI IN CLASSE PRIMARIA
ABSTRACT

Questo capitolo si occupa principalmente degli elementi folkloristici utilizzati nelle aule scolastiche del Bangladesh. Secondo questo studio, molti elementi folkloristici sono praticati nelle aule del settore scientifico. Gli studenti delle elementari preferiscono comunicare nella loro lingua piuttosto che in Bangla. Gli insegnanti invitano gli alunni a recitare canzoni, filastrocche, storie e indovinelli per intrattenere gli altri studenti quando ci sono capitoli non importanti per l'esame e non impegnativi. Quando l'insegnante o gli alunni raccontano rime, storie o indovinelli, si osserva che gli studenti della primaria sono gioiosi, ridono e si divertono. Questo capitolo si occupa principalmente degli elementi folkloristici utilizzati nelle classi del Bangladesh. Secondo questo studio, molti elementi folkloristici sono praticati nelle aule del settore scientifico. Gli studenti delle elementari preferiscono comunicare nella loro lingua piuttosto che in Bangla. Gli insegnanti invitano gli alunni a recitare canzoni, filastrocche, storie e indovinelli per intrattenere gli altri studenti quando ci sono capitoli non importanti per l'esame e non impegnativi. I bambini delle elementari si esibiscono in canti popolari, filastrocche, storie popolari e indovinelli. Quando l'insegnante o gli alunni raccontano rime, storie o indovinelli, si osserva che gli studenti della primaria sono gioiosi, ridono e si divertono.

5. Introduzione

Dal capitolo 5 emerge chiaramente che la presentazione degli elementi folkloristici nell'istruzione primaria del Bangladesh è inadeguata. D'altra parte, molti aspetti folkloristici esistono ancora in Bangladesh e questi elementi includono i nativi. Le persone sono inculturate come risultato di questi fattori. Di conseguenza, nonostante la mancanza di componenti folkloristiche nel curriculum, questi aspetti sono stati comunque praticati nelle attività in classe. Queste caratteristiche generano riflessioni attraverso i gesti quotidiani degli insegnanti e degli studenti.

Di seguito viene illustrato come gli elementi folkloristici si riflettono nelle classi elementari:

5.1 Gli studenti si divertono a discutere di elementi folkloristici in classe.

Gli studenti provano piacere e felicità nelle aule con elementi folcloristici perché gli elementi folcloristici rendono l'insegnamento affascinante, divertente e semplice (Nhung, 2016; Amali, 2014; Lee, 2016; Stavrou, 2015; Ediger, 2002; Uzir, 2008). Secondo molti insegnanti di Rangpur Sadar, gli elementi folkloristici creano una condizione in cui gli alunni possono facilmente trascorrere momenti piacevoli seguiti da un ambiente favorevole allo studio: "Gli studenti si sentono soddisfatti e proficui mentre svolgiamo una lezione di folklore, filastrocca popolare, teatro popolare e favola", ha detto un insegnante di scuola primaria. Hati ar Shialer golpo", "Kanchonmala ar Kakonmala", "Boro Raja choto Raja", "Jolpori o kathurer golpo", "Palkir gan", "E quando si tratta di giocare, sono gli scherzi e i drammi che ci piacciono di più". "Abbiamo notato che i nostri studenti amano la nostra classe", ha aggiunto un altro insegnante. Ridono quando facciamo battute, sorridono quando raccontiamo le favole e battono le mani quando cantiamo".

5.2 Gli insegnanti possono proteggersi dalla noia

La letteratura per l'infanzia affascina, informa e influenza gli insegnanti della scuola primaria di Gongachara upazilla e Rangpur Sadar, nel distretto di Rangpur. Di conseguenza, gli insegnanti usano il teatro, le fiabe, le filastrocche, la musica, il vocabolario e le presentazioni orali in classe, e gli studenti rispondono positivamente e si divertono in classe; anche gli insegnanti si godono il momento, perché non hanno più bisogno di un'altra lezione.

più annoiati. Gli studenti si sentono liberi di rivolgersi ai professori con molte domande accademiche e di altro tipo quando l'insegnante non si annoia.

"Quando conduciamo le nostre lezioni utilizzando/applicando rime popolari, musica popolare, racconti popolari e giochi sul significato delle parole, vediamo che gli studenti rispondono e si divertono; anche noi ci godiamo il momento perché possiamo liberarci dalla noia", ha detto un insegnante elementare di Rangpur Sadar mentre il ricercatore raccoglieva i dati con un metodo di intervista non strutturata.

5.3 Il collegamento tra aula e mondo esterno avviene

Insegnanti e alunni delle scuole primarie di Gongachara upazilla e Rangpur Sadar, nel distretto di Rangpur, raccontano in classe indovinelli, favole, racconti popolari e filastrocche che non si trovano nei libri di testo. "Non ci sono indovinelli e proverbi nei libri di testo", ha detto uno degli insegnanti elementari di Rangpur Sadar, nel distretto di Rangpur. Al di fuori dei libri di testo, trovo gli indovinelli e i proverbi che utilizzo in classe. Nei villaggi da cui proveniamo, non raccogliamo solo proverbi e indovinelli, ma anche fiabe, racconti popolari e poesie". Durante la discussione con gli studenti delle scuole elementari delle stesse scuole con il metodo della FGD, alcuni studenti hanno detto: *"Diciamo anche ai nostri amici che vanno in altre scuole gli indovinelli, i proverbi, le favole, i racconti folcloristici e le filastrocche che ascoltiamo in classe".*

5.4 L'interazione tra gli studenti avviene

Molti studenti del primo anno del settore scelto amano le belle arti. Quando il ricercatore ha raccolto i dati utilizzando l'approccio dell'osservazione, ha visto che le copertine di molti libri di pratica per bambini sono piene di disegni di vari animali e uomini. Quando il ricercatore si è seduto con loro per la discussione del focus group, era interessato a saperne di più sulle arti popolari. "Ci sono molti studenti che creano disegni che non hanno un bell'aspetto", ha detto uno dei bambini, indicando gli altri. Sembrano sporchi!". Pochi bambini imparano a disegnare a casa di un tutor o nelle scuole di disegno. "I nostri alunni amano dipingere", ha dichiarato un insegnante di Rangpur Sadar.

I libri di esercizi di molti alunni sono pieni di disegni, lasciando solo pochi spazi bianchi per la scrittura. Raccolgono pezzi di gesso e creano immagini di alberi, uomini e animali sul pavimento, sul banco e sulla lavagna mentre aspettano. A volte, quando non siamo in classe, fanno a gara a chi dipinge meglio". Gli studenti amano la musica e le belle arti. Pochi bambini imparano le canzoni a casa del tutor, mentre la maggior parte degli studenti le impara tramite i telefoni dei genitori. "I nostri studenti cantano bene", ha dichiarato in un'intervista un insegnante della upazilla Gongachara di Rangpur. Tutti imparano una nuova canzone quando uno degli alunni la canta. Continuano a cantare finché qualcuno non canta nuove canzoni! Quando a scuola si cantano nuove canzoni, si segue la regola detta in precedenza!".

5.5 C'è interazione tra l'insegnante e gli studenti

Gli insegnanti del settore scelto dall'area di ricerca raccontano occasionalmente barzellette, favole e storie per invogliare i bambini ad avvicinarsi a loro senza paura. Durante la raccolta di dati qualitativi con il metodo FGD, è stato chiesto agli studenti quale professore preferissero. Secondo i dati raccolti sul campo, gli studenti preferiscono gli insegnanti che raccontano storie, barzellette e altre filastrocche e che educano i ragazzi a raccontare vari tipi di letteratura popolare. Gli elementi folkloristici, secondo molti istruttori primari della materia, determinano anche questo tipo di interazione insegnante-studente, che facilita l'insegnamento perché i bambini fanno domande accademiche appropriate. "Il rapporto tra istruttore e studente è sempre forte quando l'insegnante conduce la sua lezione utilizzando elementi folkloristici", ha osservato un esperto di educazione di Rajshahi mentre raccoglieva informazioni. Questo porta gioia a entrambi e rafforza l'amore e il rispetto degli alunni per l'insegnante".

5.6 Per insegnare l'elemento folkloristico, si utilizzano esempi di vita reale e similitudini.

Gli elementi popolari sono intimamente legati alla vita, alla cultura, alla tradizione e alla morale (Amali, 2014; Stavrou, 2015; Hayran, 2017; Penjore, 2005), quindi gli esempi e le similitudini orientati alla vita sono fondamentali nell'insegnamento degli elementi popolari. Anche gli insegnanti del settore scelto utilizzano esempi e similitudini per aiutare i bambini a collegare il testo alla loro vita quotidiana. Gli studenti acquisiranno una migliore comprensione dell'argomento grazie a questi esempi e similitudini. Alcuni capitoli dei testi accademici sono più impegnativi di altri", ha detto un insegnante di Rangpur Sadar, nel distretto di Rangpur, durante la raccolta dei dati con un metodo non strutturato. Abbiamo imparato che non tutti i capitoli sono rilevanti per gli esami. *Quindi, quando mi imbatto in questo tipo di capitoli, utilizzo molte similitudini ed esempi che sono direttamente collegati alla realtà e che le persone usano nella vita quotidiana per rendere la lezione più facile".*

5.7 Nell'insegnamento delle componenti folkloristiche, l'insegnante può utilizzare approcci e strategie appropriate.

Gli insegnanti di due upazillas di Rangpur usano la letteratura per l'infanzia e altri elementi tradizionali per aiutare gli studenti a imparare e ad apprezzare il significato più profondo della lezione. A tal fine, gli insegnanti utilizzano approcci generalmente diversi dai gesti standard. Il ricercatore ha chiesto a un insegnante come insegnava con le componenti folk durante la raccolta dei dati qualitativi utilizzando una strategia di intervista non strutturata. "Quando educo i bambini utilizzando elementi folkloristici, utilizzo sempre gesti attraenti in modo che il mio linguaggio del corpo non li annoi e che ricevano divertimento e conoscenza", ha risposto. Quando la situazione lo richiede, sorrido e batto le mani". "Uso i metodi e le tecniche migliori quando insegno le lezioni attraverso gli elementi folkloristici, perché li aiuta a costruire le loro abitudini e la loro mente", ha detto a questo proposito un insegnante di Gongachara upazilla, nel distretto di Rangpur. Di solito uso giochi di ruolo, dimostrazioni, recitazioni, dibattiti, discussioni aperte e qualsiasi altra cosa sia appropriata per l'argomento".

5.8 Gli studenti interagiscono tra loro in classe su due piedi.

È risaputo che i bambini si divertono e apprezzano gli elementi folkloristici.

Anche ai bambini delle elementari del mio campo di ricerca piacciono gli elementi folkloristici e i loro insegnanti ne sono consapevoli. Di conseguenza, molti insegnanti di Gongachara upazilla e Rangpur Sadar del distretto di Rangpur colgono l'occasione per raccontare ai bambini indovinelli, favole, fiabe, filastrocche e altra letteratura popolare quando il capitolo del libro di testo non è difficile o importante per l'esame. "A volte agli studenti viene detto di raccontare indovinelli, fiabe, favole e filastrocche in classe e loro lo fanno volentieri", ha detto uno degli insegnanti mentre il ricercatore era sul campo a raccogliere dati qualitativi con un metodo di intervista non strutturata. *La maggior parte dei bambini coglie l'opportunità di raccontare indovinelli, favole, racconti popolari e filastrocche. Notiamo poi che gli studenti si divertono. Quando gli altri studenti sono consapevoli della narrazione presentata da uno studente, intervengono se qualche dialogo o trama non è raccontata in modo appropriato. Di conseguenza, la nostra narrazione assicura la partecipazione di tutti". Gli studenti che partecipano a questi programmi fuori dai sentieri battuti sono più propensi a tornare in classe più tardi e a rivedere la lezione precedente.*

5.9 Agli elementi popolari viene attribuito un peso minore rispetto agli

argomenti di valore economico.

Alcuni insegnanti delle upazillas di Rangpur Sadar e Gongachara del distretto di Rangpur mi hanno detto che gli elementi folkloristici sono meno essenziali di materie come l'inglese, la matematica, la fisica e così via, perché non esiste una materia accademica sugli elementi folkloristici nel curriculum della scuola primaria del Bangladesh. "Gli elementi folkloristici del Bangla sono una materia di studio?", ha chiesto un insegnante elementare della upazilla di Gongachara durante un'intervista approfondita. Imparare la cultura è un'inclinazione sciocca, inefficiente, che richiede tempo, dannosa per il futuro e vagante". Alcuni insegnanti ritengono che se gli alunni imparano le componenti folkloristiche, non saranno in grado di ottenere un risultato decente e che questi elementi non li aiuteranno a superare gli esami.

I sistemi educativi basati sugli esami e sui risultati pongono maggiore enfasi sul raggiungimento di buoni risultati piuttosto che sull'instillazione di ideali morali nella nazione, con il risultato di trascurare gli elementi popolari. "I genitori e i tutori dei bambini che educhiamo vogliono soprattutto vedere i buoni risultati accademici degli studenti, perché per loro sono prestigiosi", ha dichiarato un altro insegnante di Rangpur Sadar. È importante anche per noi, perché i genitori, i tutori e gli altri abitanti del villaggio si informano spesso su quanti studenti sono stati promossi e su quanti hanno ottenuto una media di 5 agli esami precedenti. *Anche le istituzioni accademiche vengono classificate come buone o pessime dai genitori e dai tutori dei bambini, oltre che da altre persone, in base ai risultati accademici dei loro figli. Di conseguenza, quando i nostri studenti ottengono un buon risultato agli esami, possiamo tranquillamente affermare di fronte agli altri che stiamo insegnando con successo".*

5.10 Conclusione

In questo capitolo sono stati esaminati i riflessi delle componenti popolari praticate nelle scuole elementari del Bangladesh. Le componenti folkloristiche, nonostante non siano incluse nel programma di studi della scuola primaria, sono comunque presenti nelle classi elementari e svolgono un ruolo importante nell'insegnamento agli alunni della scuola primaria, secondo le prove raccolte attraverso il lavoro sul campo. Questi elementi folkloristici sono espressi nei gesti quotidiani degli insegnanti e degli studenti della scuola primaria. Si è scoperto che i bambini amano gli aspetti folkloristici e apprezzano la presentazione di elementi folkloristici in classe. Sebbene molti insegnanti elementari di Rangpur apprezzino gli elementi folkloristici, alcuni di loro li tengono fuori dalle loro classi perché sono impropri nell'educazione basata sugli esami e sui risultati. Ciononostante, il valore e l'utilità delle componenti folkloristiche nelle scuole richiedono un alto livello di rispetto.

CAPITOLO 6 : INCLUSIONE DI METODI CHE POTREBBERO ESSERE INCORPORATI PER RIFLETTERE ELEMENTI POPOLARI NEL CURRICULUM PRIMARIO AL FINE DI MIGLIORARE I VALORI E L'ETICA DEGLI STUDENTI

ABSTRACT

In una situazione in cui il numero di elementi folklorici nel curriculum è insufficiente e le riflessioni sugli elementi folklorici in classe sono limitate, questo capitolo discute i metodi che possono essere utilizzati per riflettere gli elementi folklorici nel curriculum primario del Bangladesh, al fine di rafforzare i valori morali e l'etica tra gli studenti. Questo studio ha scoperto diverse raccomandazioni e suggerimenti dopo aver utilizzato il metodo della revisione a tavolino per esaminare riviste, articoli, libri e post di blog, oltre a valutare interviste con istruttori ed esperti di educazione. I suggerimenti accademici sono quelli che richiedono un curriculum e una preferenza e pratica accademica come parte di un programma accademico; le raccomandazioni co-curriculari sono quelle che possono essere fatte come attività co-curriculari. Le raccomandazioni finalizzate allo sviluppo ideologico, come la tolleranza e il rispetto della varietà, sono state classificate come raccomandazioni ideologiche, mentre quelle che richiedono un supporto strutturale sono state classificate come raccomandazioni strutturali. Infine, in base ai libri, ai documenti, alle riviste e ai post dei blog, nonché alle conversazioni con insegnanti e professionisti dell'istruzione, si prevede che questi metodi siano appropriati in Bangladesh.

6. Introduzione

L'analisi dei risultati dell'obiettivo 1 rivela che gli elementi folkloristici non sono presentati in modo adeguato nell'istruzione primaria del Bangladesh. In molti casi, la mancanza di elementi folklorici nel curriculum primario del Bangladesh non può creare un ambiente accademico favorevole all'insegnamento e all'apprendimento attraverso gli elementi folklorici, perché questi elementi folklorici sono inappropriati nell'istruzione basata sull'esame, causando più danni agli elementi folklorici e alle conoscenze tradizionali, alla cultura, alla storia, alla morale e alla conoscenza ecologica. Quando i capitoli sono facili e meno importanti per l'esame, può essere piacevole che gli insegnanti insegnino con gli elementi folklorici e che gli studenti eseguano gli elementi folklorici per godersi gli insegnamenti, per imparare allegramente e per impegnarsi coraggiosamente in classe. Tuttavia, questo tipo di attività sta diventando sempre più raro. Questo studio ha scoperto vari suggerimenti e raccomandazioni esaminando la letteratura pertinente e i dati sul campo, che indicano essenzialmente cosa, perché e come si possono adottare misure per includere gli elementi folk nell'istruzione primaria del Bangladesh.

Queste proposte e raccomandazioni sono state suddivise in quattro gruppi:

1. Raccomandazione accademica

2. Raccomandazione Co-Curriculare

2. Raccomandazione ideologica

3. Raccomandazione strutturale

Queste raccomandazioni sono discusse di seguito:

6.1 Raccomandazione accademica

Le raccomandazioni accademiche sono quelle stabilite attraverso l'analisi di dati secondari e primari che richiedono preferenze e pratiche curriculari e accademiche come parte del programma accademico.

I suggerimenti accademici che derivano da questo studio sono i seguenti:

6.1.1 Incorporazione di elementi folkloristici nei libri di testo

Poiché gli elementi folkloristici svolgono un ruolo importante nello sviluppo dei valori morali, culturali, religiosi e sociali e dell'etica (Ahi, Yaya, & Ozsoy, 2014; Deafenbaugh, 2015; Kim, 2009; The Daily Star, 2018; Penjore, 2005; Hayran, 2017; Hourani, 2015; Doley, 2014; Ediger, 2002; Stavrou, 2015; Amali, 2014; Nhung, 2016), la loro inclusione nell'istruzione (primaria) è stata richiesta per garantire. Dopo aver valutato le prove secondarie e primarie, si è rivelata degna di nota.

Durante la mia raccolta di dati con il metodo dell'intervista, ho chiesto a un insegnante elementare di Gangachara Upazilla, nel distretto di Rangpur, cosa si può fare in caso di mancanza di elementi folkloristici nel curriculum della scuola elementare del Bangladesh. "Poiché gli elementi folkloristici sono scoperti per trasmettere la conoscenza della comunità, la morale e l'etica, è necessario includere una quantità adeguata di elementi folkloristici nei libri di testo elementari", ha spiegato.

6.1.2 Assegnare compiti a casa, svolgere attività pratiche con elementi folkloristici e fornire assistenza.

Gli insegnanti devono prestare particolare attenzione a questi elementi educativi dopo che gli elementi popolari sono stati incorporati nel curriculum. Molti insegnanti del settore di ricerca si sono dimostrati disposti a insegnare utilizzando questi elementi tradizionali. In questo scenario, la guida degli insegnanti nell'insegnamento attraverso gli elementi folkloristici è fondamentale.

Durante la raccolta dei dati con l'approccio dell'intervista, ho chiesto a un insegnante elementare di Rangpur come sarebbero stati insegnati gli elementi folkloristici se fossero stati inseriti nel programma di studi della scuola primaria, e l'insegnante ha risposto: *"Se il governo lo desidera, diremo ai nostri bambini di fare i compiti sugli elementi folkloristici". Dovrebbe esserci un sistema di valutazione per i compiti e le attività pratiche".*

6.1.3 Gli elementi folkloristici vengono raccolti, presentati e conservati attraverso l'ascolto, la raccolta e la presentazione.

Secondo l'analisi dei dati primari, gli elementi folkloristici non sono sufficientemente trattati nei programmi scolastici elementari. I pochi elementi folkloristici che vengono praticati nelle classi elementari hanno il solo scopo di divertire gli studenti. È necessario riunire i membri adulti della società perché gli elementi folkloristici sono più visibili e praticati al di fuori della struttura scolastica. A tal fine, gli studenti possono essere indirizzati ai membri più anziani della società per ascoltare racconti folcloristici, fiabe, miti, proverbi, canzoni popolari e altra letteratura popolare. Questi brani di letteratura orale saranno scritti e ascoltati dagli studenti. Questi elementi saranno raccolti dagli alunni e conservati dalle scuole.

"Gli insegnanti/le scuole dovrebbero mandare i bambini ad ascoltare e raccogliere racconti folcloristici, fiabe e altre storie dai più grandi e dai loro nonni/nonne", ha osservato una esperta di educazione di Rajshahi mentre raccoglievo dati con uno stile di intervista non strutturato. Le scuole devono creare un forum in cui gli studenti possano mostrare questi elementi folkloristici senza temere di essere giudicati dagli studenti più grandi. Questi elementi saranno conservati negli edifici scolastici".

6.1.4 Nei libri di testo, menzionare il contesto sociale, storico e culturale degli elementi folkloristici.

L'analisi dei dati della ricerca rivela che gli elementi meno popolari del curriculum della scuola primaria sono stati proposti senza spiegarne il contesto sociale, storico o culturale. Di conseguenza, la lezione diventa difficile per i bambini. Quando insegnano una lezione sugli elementi folkloristici, gli insegnanti devono spiegare il contesto sociale, storico e culturale in cui si è verificato l'episodio. Gli studenti avranno la capacità di comprendere e interpretare i fatti socioculturali e storici. Ciò favorirà il loro apprezzamento della propria cultura, della società, dei costumi, della storia, della morale e dei valori.

6.1.5 I Folktales and Other Tales di Esope vengono utilizzati per insegnare

È comunemente noto che le fiabe di Esopo contengono insegnamenti morali. Oltre a queste, numerosi elementi popolari presenti in tutto il Paese trasmettono insegnamenti morali. In questa circostanza, i racconti popolari devono essere utilizzati in classe. L'interesse degli studenti per i racconti popolari favorirà il loro apprendimento. Il loro sviluppo morale, d'altra parte, avverrà in concomitanza con le lezioni intellettuali.

6.2 Raccomandazioni per i corsi di formazione

Questa sezione ha dimostrato cosa si può fare come attività co-curriculari. Queste attività non sono di natura scolastica, ma possono aiutare i ragazzi a imparare virtù come la tolleranza, l'accettazione e il rispetto delle opinioni altrui, il secolarismo, la tradizione, l'unità, la disciplina e il patriottismo. Di seguito sono riportate alcune raccomandazioni basate su ricerche provenienti da fonti primarie e secondarie.

6.2.1 Incorporazione dei giochi tradizionali nel tempo libero e una competizione sportiva annuale.

L'analisi dei dati raccolti attraverso il metodo dell'osservazione rivela che praticamente tutti i bambini del campo scelto si dedicano a vari tipi di giochi durante il periodo della mensa: di solito giocano a calcio e a cricket perché lo vedono fare ai loro coetanei. Ogni anno le scuole organizzano una competizione sportiva in cui gli studenti si sfidano. Durante il periodo di refezione giornaliera, i bambini dovrebbero essere incoraggiati a praticare i giochi popolari. Poiché contengono etica locale e legami sociali, oltre a conoscenze culturali, rime, tradizioni e valori, questi giochi devono essere selezionati per il torneo sportivo annuale. Inoltre, non ci sono regole specifiche in questi giochi e i materiali sono, tra gli altri, paglia, terra e bastoni, che si trovano in natura e sono importanti nella vita quotidiana delle persone (Ahmed, 2012). I bambini potranno provare piacere e fare esercizio fisico giocando a giochi popolari come ha-du-du, bouchi, golla chut, agdum bagdum, ghurni khela, kana machi, bagh bondi, sholo ghuti e altri. Impareranno anche testi popolari e virtù come l'unità, la disciplina e il rispetto per la nazione.

6.2.2 Privilegiare i canti popolari, la letteratura popolare e gli elementi folkloristici nelle attività co-curriculari

Valutando i dati acquisiti attraverso il metodo dell'intervista non strutturata, si è scoperto che praticamente ogni scuola ha una varietà di attività co-curriculari per insegnare e intrattenere i bambini in vari modi. Questo programma si svolge talvolta pubblicamente in occasione di numerose giornate nazionali, come il 16 dicembre e il 26 marzo, e i ragazzi sono chiamati a presentare musica e recitazioni (poesie, filastrocche, storie, barzellette). Gli studenti dovrebbero avere un palcoscenico dove esibirsi a scuola con canzoni, giochi e filastrocche popolari. La musica popolare del Bangla non segue norme precise (Murshid, 2006; Chakrabarty, 2009) ed è influenzata dalla vita quotidiana e dall'ambiente. La letteratura popolare (storie popolari, fiabe, rime, proverbi, ballate e testi) esprime pensieri profondi sulla vita in modo semplice (Azad, 2015) e ha a lungo educato le popolazioni rurali (Shahidullah, 1938, citato in NCTB, 2019). Di conseguenza, se questi tipi di elementi folkloristici vengono privilegiati negli eventi co-curriculari, sia gli studenti che gli spettatori saranno in grado di apprezzare e conoscere le realtà passate di queste attività.

6.2.3 Gli studenti vengono introdotti agli artisti folk e conversano con loro.

Le caratteristiche locali del Bangla si ritrovano nell'arte popolare. La ceramica, la pittura murale/pavimentale, la marionetta e altre tradizioni artistiche popolari hanno arricchito la cultura del Bangla. Gli artisti popolari creano queste opere d'arte utilizzando materiali naturali e culturali come aghi, cotone, terra, legno, canna e bambù (Murshid, 2006), dimostrando la loro creatività e immaginazione. Le popolazioni rurali del Bangla hanno sempre fatto affidamento sulle arti popolari per sostenersi. Le scuole dovrebbero creare una piattaforma in cui i bambini possano incontrare gli artisti popolari, essere esposti a loro e vedere le loro opere d'arte. In questo modo, gli studenti potranno beneficiare della loro naturale curiosità. Conversando con loro e con il loro insegnante, potranno conoscere le conoscenze non accademiche, le capacità, le esperienze e le sfide che gli artisti popolari devono affrontare nella vita moderna.

6.2.4 Le feste popolari dovrebbero essere visitate da studenti, insegnanti e tutori.

In Bangladesh si tengono molte feste popolari strettamente legate alla posizione geografica, alla cultura, alla religione e all'ambiente. Le feste popolari attirano visitatori che portano una varietà di oggetti artigianali da comprare e vendere. Tutte le comunità religiose partecipano a queste feste, che promuovono le relazioni sociali (Islam, 2007). Gli studenti, gli istruttori e i tutori devono partecipare alle feste popolari. I festival popolari garantiranno l'armonia sociale nell'attuale periodo di globalizzazione, in cui le persone si allontanano dalla società e dalla cultura.

6.2.5 Nelle scuole si organizzano festival del folklore

Le feste popolari del Bangla sono intrecciate con la storia, la tradizione e la cultura e fungono da importanti piattaforme per lo scambio socio-culturale, l'intrattenimento e la consapevolezza di gruppo (Islam, 2007). Le feste popolari (Pohela Boishakh, Pohela Falgun, Nobanno) dovrebbero essere organizzate dalle scuole e i tutori e gli abitanti dei villaggi dovrebbero essere invitati a partecipare. Gli studenti, gli insegnanti e i tutori che non sono in grado di partecipare alle feste a causa di vincoli finanziari o di altri problemi potranno partecipare in questo modo. D'altra parte, si divertiranno a organizzare queste feste e a lavorare in gruppo, contribuendo allo sviluppo di qualità come la tolleranza, l'accettazione e il rispetto delle opinioni altrui.

6.2.6 Si dovrebbe organizzare una gita ad un elemento folkloristico per rinfrescare gli studenti.

Il Bangladesh è un Paese con una vasta gamma di caratteristiche folkloristiche. Ciononostante, nel programma di studi di base sono presenti solo pochi elementi folkloristici e la maggior parte di questi aspetti viene praticata al di fuori della classe. Poiché gli elementi folkloristici rendono divertente l'apprendimento, sia gli elementi folkloristici che le gite sul campo faranno la gioia dei ragazzi, consentendo loro di imparare attraverso la pratica. Ciò contribuirà a ridurre lo stress dell'istruzione accademica per i giovani. Il Bangladesh, d'altra parte, è un Paese con molte caratteristiche folkloristiche. Di conseguenza, questa gita sarà gratuita.

"Possiamo incorporare gite sul campo o visite in loco per introdurre diverse occupazioni nella nostra comunità, come il vasaio, il fabbro e così via", ha detto uno degli insegnanti della città di Rangpur durante la raccolta dei dati con un metodo di intervista non strutturata. I membri della comunità sono i più informati sul loro modo di vivere e di pensare. Di conseguenza, i membri della comunità possono essere portati in classe e gli studenti devono visitare la comunità, osservare gli eventi e intervistare i membri della comunità (Deafenbaugh, 2015, 70-84). Gli studenti potranno così imparare attraverso l'osservazione diretta. Potranno anche imparare a conoscere cose che non capiscono intervistando.

6.2.7 Organizzare un concorso di indovinelli e proverbi

Le scuole dovrebbero organizzare un concorso in cui gli studenti propongono indovinelli e proverbi. Gli studenti avranno l'opportunità di creare un legame con il villaggio per raccoglierli, dato che non sono presenti nei libri di testo. D'altra parte, questa competizione aiuterà gli studenti a migliorare le loro capacità analitiche. Questo concorso può anche incoraggiare altri membri della società a mantenere e raccogliere elementi popolari.

6.3 Raccomandazione ideologica

Questi suggerimenti sono formulati con l'obiettivo di una crescita ideologica. I suggerimenti ideologici contribuiranno principalmente allo sviluppo di un'ideologia laica, della tolleranza e del rispetto per la varietà:

6.3.1 Gli elementi folkloristici sono utilizzati per creare un'ideologia secolare.

Poiché molti elementi folkloristici, come i racconti popolari, i proverbi e le feste popolari come il Pahela Boishakh, sono stati osservati da tutte le comunità religiose, compresi i musulmani, gli indù, i buddisti e i cristiani, e sono ancora applicabili a tutte le persone di un determinato luogo senza essere influenzati da alcuna religione (Shahidullah, 1938. citato in NCTB, 2019, 4953), l'ideologia secolare può essere appresa dagli elementi folkloristici. L'arte popolare, i canti popolari, i drammi popolari e le danze popolari, d'altra parte, sono stati a lungo praticati da tutte le comunità religiose del Paese (Sahidullah, 1938. citato in NCTB, 2019, 49-53). Di conseguenza, lo sviluppo di una filosofia laica basata su componenti popolari è essenziale e sarà anche sostenibile. Gli studenti dovrebbero essere mandati alle feste popolari, i festival dovrebbero essere organizzati nelle scuole e agli studenti dovrebbe essere insegnato il significato interiore degli elementi popolari.

6.3.2 Promuovere la tolleranza e la diversità

Il Bangladesh è un Paese che ospita diversi gruppi etnici minoritari oltre alla comunità bengalese. I modi di vita di queste comunità (compresa quella bengalese) sono distinti l'uno dall'altro. Inoltre, in questo Paese vivono persone di varie religioni. Inoltre, le differenze geografiche, le diseguali condizioni socioeconomiche e le esperienze di vita quotidiana hanno dato vita a culture diverse. È necessario creare un'atmosfera sociale in cui ognuno possa tollerare la compagnia degli individui con cui vive. La diversità deve essere promossa, secondo l'articolo 23 della Costituzione del Bangladesh, e tutti coloro che hanno una cultura diversa saranno trattati con rispetto (Costituzione della Repubblica Popolare del Bangladesh, consultata il 10 febbraio 2021). A tal fine, gli studenti devono essere inviati presso individui di culture diverse per osservare il loro modo di vivere, conversare con loro e comprendere la loro situazione da una prospettiva emica.

6.4 Raccomandazione strutturale

Questa sezione contiene le raccomandazioni che sostengono di avere una base strutturale. Questi tipi di esercizi hanno lo scopo di aiutare bambini, studenti, tutori e insegnanti a visualizzare le componenti popolari. Tra le proposte vi sono la raccolta di elementi popolari visivi, la conservazione di questi aspetti per le generazioni future e la motivazione degli studenti attraverso la pratica quotidiana.

6.4.1 Nel complesso della scuola è presente una rappresentazione di elementi folkloristici

Gli elementi folkloristici dovrebbero fornire divertimento e conoscenze socio-culturali, tradizionali e morali a tutti i membri, ma ora stanno svanendo a causa dell'incuria (Sahidullah, 1938, citato in NCTB, 2019, 49-53). Deve essere raffigurato davanti all'edificio scolastico in coordinamento con il progetto governativo, dopo aver ascoltato e raccolto la letteratura popolare dai membri anziani delle società. Gli studenti, gli istruttori, i tutori e i viaggiatori potranno così osservare gli elementi folkloristici. Questo tipo di attività aiuterà tutti gli spettatori a comprendere il valore degli elementi popolari e a proteggere quelli che sono minacciati dalla modernizzazione e dalla globalizzazione. I gruppi non governativi, le organizzazioni internazionali per lo sviluppo e i benefattori dovrebbero essere in grado di partecipare a questa rappresentazione.

6.4.2 Potenziamento della collezione di elementi folkloristici della biblioteca scolastica

Nonostante il fatto che gli elementi popolari siano minacciati, il Bangladesh ne possiede comunque un gran numero. Gli elementi popolari, come i libri di testo, includono informazioni su morale, etica, cultura, società, religione, tradizione e natura. Fiabe, storie popolari, filastrocche e altra letteratura tradizionale possono essere trasmesse ai genitori degli studenti. Di conseguenza, dopo aver ascoltato e raccolto i racconti popolari, questi devono essere archiviati nella biblioteca scolastica. Di conseguenza, non solo i libri di testo, ma anche il materiale folkloristico deve essere raccolto (Deafenbaugh, 2015). Gli studenti avranno così accesso sia ai libri di testo che ai libri di letteratura per l'infanzia. È inoltre possibile raccogliere e conservare in biblioteca materiali che serviranno a ricordare le tradizioni e la cultura a tutti i bambini, agli insegnanti e ai genitori. Questi elementi aiuteranno gli studenti a studiare in modo più efficace.

6.4.3 Davanti alla scuola è stata piantata una foresta di alberi della medicina popolare.

La popolazione del Bangla ha usato a lungo erba, alberi, foglie e frutti come medicina popolare, che ora sono di uso comune nella medicina contemporanea (Islam, 2007). Il costo di questa medicina tradizionale è minimo. Queste medicine crescono lungo le strade dei villaggi, nei terreni agricoli e nelle case delle persone, che possono così procurarsi facilmente queste piante. Nel periodo attuale, le persone stanno tornando alla medicina popolare grazie alla sua accessibilità e alla mancanza di effetti negativi (NCTB, 2021). Di conseguenza, gli alberi utilizzati nella medicina tradizionale dovrebbero essere piantati nei giardini delle scuole. Gli studenti verranno introdotti a questi alberi e impareranno a conoscerne l'uso e la dipendenza da essi. Dall'altro lato, il progetto di forestazione del governo si traduce in una piantagione uniforme di alberi che ignora le piante popolari e la medicina. In questo caso, queste piante comuni possono essere utilizzate come giardini botanici.

6.4.4 Decorazione di aule e campi da gioco con elementi folkloristici

Le aule, gli edifici scolastici e l'intera proprietà delle scuole di Rangpur Sadar e Gangacara Upazilla, nel distretto di Rangpur, vengono occasionalmente decorati in occasione delle festività nazionali e di altri giorni significativi, secondo i dati acquisiti attraverso un metodo di intervista non strutturata. La carta colorata, che è molto costosa, è comunemente usata per le decorazioni scolastiche. Le decorazioni popolari, invece, utilizzano argilla, terra, alberi, piante e altri materiali naturali poco costosi e facili da reperire. Di conseguenza, nelle giornate speciali e nazionali, gli studenti devono decorare le aule con temi popolari. Gli studenti saranno così in grado di riconoscere e apprezzare questi elementi. I bambini, d'altra parte, impareranno virtù come la coscienza sociale, l'accettazione e il rispetto delle opinioni altrui, il secolarismo, la tradizione, l'unità e la disciplina.

6.4.5 Incorporazione di un museo in miniatura nella scuola

In Europa e in America, gli elementi folkloristici in via di estinzione vengono raccolti e conservati (Shahidullah, 1938, citato in NCTB, 2019, 49-53), e il Bangladesh può fare lo stesso. A tal fine, ogni scuola dovrebbe costruire e mantenere un piccolo museo popolare con l'aiuto di insegnanti, studenti, tutori e benefattori. Per l'acquisto di elementi materiali è necessario accantonare fondi sufficienti. Le organizzazioni non governative, i gruppi di sviluppo internazionale e i benefattori dovrebbero poter partecipare alla creazione di piccoli musei, che devono essere aperti al pubblico e a ingresso gratuito per tutti. Ciò aiuterà notevolmente le persone a imparare attraverso l'osservazione e il trasferimento di conoscenze storiche.

6.5 Conclusione

Possiamo affermare che abbiamo bisogno di elementi folkloristici nella pratica per produrre una società migliore, dopo aver discusso l'istruzione primaria e la presentazione degli elementi folkloristici nel capitolo 5 e aver analizzato le riflessioni sugli elementi folkloristici nel capitolo 6. Come risultato della mancanza di presentazione degli elementi popolari nel curriculum della scuola primaria del Bangladesh, è necessario cambiare questa mentalità. A questo scopo sono stati proposti alcuni suggerimenti, suddivisi in quattro categorie: 1. Raccomandazione accademica, 2. Raccomandazione ideologica, 3. Raccomandazione strutturale e 4. Raccomandazione co-curricolare. Raccomandazione co-curricolare.

CAPITOLO 7 : DISCUSSIONE E CONCLUSIONI

7.1 Discussione

Uno dei processi di socializzazione più essenziali è l'educazione, in cui le persone imparano costantemente dagli altri (Indrani, 2012). Uno degli obiettivi dell'educazione è trasmettere moralità, valori, caratteristiche culturali e sociali (Saldana, 2013). L'educazione, in quanto processo di socializzazione, è un'attività universale e regolare degli esseri umani che è inestricabilmente legata alla cultura, perché trasmette comportamenti, norme, conoscenze culturali, valori ed etica da una generazione all'altra (Vincent, 2006). La cultura ha un impatto sugli elementi materiali e spirituali, nonché sullo stile di vita e sulla morale delle persone nelle diverse società (Ibrahimoglu, Çigdem, & Seyhan, 2014). In generale, l'educazione è intra-culturale poiché si svolge in un contesto culturale (Mittelstrass, 2006), ed è possibile fare una distinzione tra educazione e socializzazione perché i principi morali vengono insegnati nelle scuole (Kaur, 2015). Il sistema educativo di uno Stato-nazione è fondamentalmente regolato e controllato dal governo in considerazione degli obiettivi nazionali, del contesto storico e delle realtà attuali.

Oggi viviamo in un mondo in cui gli elementi folkloristici stanno diventando meno importanti nella vita quotidiana e nell'educazione. Tuttavia, è importante notare che gli aspetti folkloristici sono il risultato dell'esperienza e della saggezza. Fin dall'inizio della civiltà umana, questa è progredita di giorno in giorno sulla base della conoscenza e dell'esperienza. Gli elementi folkloristici sono particolarmente efficaci come forma di educazione sociale e servono quindi come potente agente per colmare il divario tra i vari segmenti della comunità. La conoscenza folkloristica è il risultato dell'esperienza collettiva, non di una singola persona, ma di un gruppo o di una civiltà in generale, e può essere definita saggezza collettiva o apprendimento collettivo. La conoscenza si acquisisce con l'esperienza e quando l'esperienza e la conoscenza si uniscono, si parla di saggezza. I gruppi esprimono le stesse emozioni e apprendono le stesse cose, il che diventa l'apprendimento della società. Gli elementi popolari sono una manifestazione di questo apprendimento.

Dobbiamo innanzitutto comprendere il settore dell'istruzione del Bangladesh in termini di società, cultura, economia, contesto storico, standard morali ed etici e globalizzazione prima di poter indagare sugli elementi folkloristici dell'istruzione elementare.

Grazie alla diffusione delle tecnologie dell'informazione e della comunicazione, a partire dagli anni '80 i Paesi di tutto il mondo sono stati collegati tra loro. La globalizzazione ha conseguenze sia positive che negative a seconda delle situazioni. Tuttavia, si tratta di un fenomeno in rapida evoluzione che ha suscitato controversie a causa dei suoi elementi negativi (Menon, 2006). Invece di trarre vantaggio dalla globalizzazione, i Paesi meno sviluppati ne soffrono (Berthelemy, 2006). La cultura occidentale sta dilagando in tutto il mondo e sta guadagnando popolarità nei Paesi in via di sviluppo (Rahman, 2014). L'urbanizzazione, l'industrializzazione, l'istruzione di massa e i mass media allontanano la maggior parte delle persone nei Paesi emergenti dalla loro cultura ancestrale, emarginando le culture locali (Bhat, 2019; Ramirez, 2006). (Chatterjee, 2014).

Le società occidentali hanno influenzato e continuano a influenzare l'occidentalizzazione di altre società. Prima dell'avvento della globalizzazione, alcuni decenni fa, l'istruzione, come altri aspetti, era influenzata dalla cultura occidentale. Come parte del subcontinente indiano, il Bangladesh era sottoposto al controllo coloniale britannico. Poiché erano giunti in quest'area con le loro famiglie ed era difficile per loro tornare nella propria nazione solo per l'istruzione dei figli, i funzionari dei governanti britannici iniziarono a impartire ai loro figli un'istruzione formale moderna in Paesi come il subcontinente indiano (Das, Ray & Mondal, 2016). Il sistema educativo tradizionale in questa regione era in gran parte informale prima dell'istituzione dell'istruzione moderna da parte dei governanti coloniali britannici. Gli elementi popolari sono stati a lungo utilizzati come strumenti educativi in molte società tradizionali, tra cui il Bangla (Amali, 2014). Il Deshiyo Shikkha è stato creato per prosperare nel contesto socioculturale, tradizionale e religioso locale. I musulmani li chiamavano Maqtab e gli indù Toul (Iqbal, 2013). Anche gli insegnamenti morali, le conoscenze socioculturali, religiose, storiche, tradizionali ed ecologiche sono state trasmesse ai bambini e ai membri della società nelle aree rurali del Bangla attraverso elementi folkloristici (Shahidullah, 1938; Azad, 2012), poiché hanno una forte base nell'esperienza di vita quotidiana della gente dei villaggi (Ahmed, 2004; Azad, 2015; Kamilya, 2007; Tagore, 2012; Shahidullah, 1938). Tuttavia, quando il subcontinente indiano si è confrontato con il mondo contemporaneo, questo antico sistema scolastico si è trasformato. Nei primi anni delle istituzioni scolastiche costruite in Gran Bretagna, sia gli insegnanti che gli studenti erano britannici. Le lingue e la cultura locali venivano insegnate in queste istituzioni create dagli inglesi solo per il bene del dominio coloniale. Il sistema educativo indigeno dell'India fu danneggiato e si affermò un modello educativo coloniale (Iqbal, 2013; Sharma & Mir, 2019). In seguito, i "Jamidar" e altre élite sociali iscrissero i loro figli in questi istituti, dove appresero concetti occidentali come l'individualismo, il razionalismo, il liberalismo e la letteratura inglese (Murshid, 2006), e l'inglese fu usato come mezzo di istruzione superiore piuttosto che la lingua locale (Islam & Hashim, 2019), in quanto l'educazione coloniale occidentale mirava a rendere gli studenti degli occidentali "migliori" (Sharma & Mir, 2019). A questa conoscenza coloniale si può attribuire il merito di aver portato alla fine del dominio coloniale perché ha fornito una leadership al movimento (Iqbal, 2013; Huque, 1997). Un'altra cosa buona che il sistema educativo britannico fece nel subcontinente indiano fu quella di condurre ricerche sulla storia, la cultura, la legge, la geografia e la natura umana delle popolazioni di questa regione, cosa che non era mai stata fatta prima (Murshid, 2006). Tuttavia, i bengalesi educati dal governo coloniale britannico con la moderna istruzione inglese disprezzarono e abbandonarono le loro tradizioni, creando scompiglio nella società con i loro nuovi codici di abbigliamento, le abitudini alimentari, i discorsi, le pratiche e le tradizioni occidentali, che erano incompatibili con la vita popolare tradizionale del Bangla. Alcuni di loro furono influenzati dalla cultura occidentale nel senso che erano alcolizzati, fumavano sigarette occidentali, sposavano donne occidentali, praticavano la letteratura in lingua straniera e si convertirono al cristianesimo. Poiché queste due inclinazioni sono saldamente legate al liberalismo, che è una delle parti principali della filosofia occidentale, l'egocentrismo e l'egoismo sono aumentati tra coloro che hanno ricevuto un'educazione occidentale nell'era coloniale nel subcontinente indiano. Alcuni di loro hanno iniziato a vivere in Paesi stranieri, abbandonando le loro case e le loro famiglie per fare soldi (Das, Ray & Mondal, 2016; Murshid, 2006). Fin dall'antichità (Shahidullah, 1938, citato in NCTB, 2019; Azad, 2012; Tagore, 2012), gli elementi folkloristici del Bangla sono stati oggetto del disprezzo e dell'abbandono dell'élite del Paese, e questo non è cambiato. Il colonialismo, il sistema scolastico coloniale e le persone istruite durante l'era coloniale non hanno invertito questa visione insensibile, ma anzi hanno causato l'abbandono e il danneggiamento della cultura e degli elementi popolari indigeni.

La globalizzazione, come il colonialismo, pone un'enfasi particolare sull'istruzione e richiede standard e strutture simili nei sistemi educativi di tutto il mondo. Tuttavia, una cosa che non si può negare è che la globalizzazione pone maggiore enfasi sull'istruzione, in particolare su quella di alta qualità. Impone criteri globali alle istituzioni educative, aggiunge nuovi argomenti ai libri di testo, permette ai laureati di competere con i laureati di altre istituzioni educative globali e motiva insegnanti e studenti a diventare qualificati in base alle esigenze del mercato del lavoro. "In una prospettiva economica, l'effetto più immediato della politica educativa è quello di rafforzare la capacità degli individui di partecipare in modo efficace ed efficiente al processo di produzione di prodotti e servizi", scrive Berthelemy (2006). L'attuale realtà mondiale fa emergere anche conoscenze e prospettive internazionali, che aiutano a identificare i problemi da varie prospettive e a suggerire soluzioni individuando le risorse teoriche e le lacune del curriculum. L'istruzione non è un processo di apprendimento piacevole per i bambini nell'era della globalizzazione, poiché i ragazzi sono costretti a ottenere voti eccellenti e a scegliere aree tematiche che portino a possibilità di istruzione superiore e di lavoro. Nel mondo odierno, il punto di vista di molti Stati sull'istruzione è guidato dal mercato e l'istruzione è altrettanto commercializzata, con una preferenza per le scienze tecniche rispetto all'educazione alle arti liberali, alle scienze umane, alle scienze sociali e agli studi religiosi. Di conseguenza, l'istruzione sta diventando sempre più orientata agli esami e ai risultati e i risultati degli studi rivelano che gli insegnanti e i genitori danno meno importanza alle aree non coperte dal curriculum. Un altro effetto del sistema educativo neocoloniale è che i contenuti dei libri di testo scolastici si scontrano con le identità nazionali e religiose, influenzando il concetto di patria e cittadinanza nei libri di testo scolastici, oltre a separare l'istruzione dalla religione, dalla cultura, dall'etica e dai valori morali, perché l'educazione occidentale considera la cultura e le tradizioni dei Paesi non occidentali inferiori e una barriera allo sviluppo.

I nostri figli crescono e vengono socializzati dalla tecnologia dell'informazione come risultato della modernizzazione, dell'urbanizzazione, della realtà post-coloniale e della diffusa accettazione del razionalismo, dell'individualismo e della filosofia del liberalismo. I bangladesi utilizzano la televisione satellitare multicanale e internet dagli anni '90 (Zahid, 2007; Rahman, 2014). È innegabile che i canali televisivi satellitari e internet abbiano esplorato le culture di molte altre società e fornito opportunità di espressione alle persone

(Khan, 2013; Rahman, 2014), e che i bambini di molti Paesi abbiano potuto imparare sia all'interno che all'esterno degli edifici scolastici grazie alla disponibilità di internet (Gough, 1999). Tuttavia, non è sempre soddisfacente. È chiaro che la cultura indiana e occidentale, tra cui la lingua, le feste, i vestiti, i modi di intrattenimento, la musica, i media, gli sport e le abitudini alimentari, hanno un impatto significativo sulla popolazione giovane del Bangladesh (Shahen, Hossain, Hossain, & Jahan, 2019; Mitu, 2019). La maggior parte delle persone, compresi i bambini, usa la televisione e i cellulari come dispositivi ricreativi, il che sta influenzando i valori morali della prossima generazione (Bhat, 2019). Molti di loro sono dipendenti dai social media e da Internet per ottenere un appagamento romantico, oltre che per l'intrattenimento basato sul sesso e sulla violenza, mettendoli in pericolo di diffondere pornografia, frode, amore senza senso e altri problemi sociali e attività immorali. A volte può portare ad attività criminali e a movimenti distruttivi. Ciò espone uno stile di vita e valori estranei, oltre a mettere in pericolo i valori spirituali e sociali (Nargis, 2015; Boruah, 2017; Bhakta & Dutta, 2017; Rahman, 2014; Khan, 2013; Mitu, 2019). L'industria dei media pubblicizza le cose e converte i desideri in domanda (Rahman, 2014). Le persone non sono in grado di soddisfare i loro desideri e le loro richieste generate dai canali satellitari e da Internet in modi socialmente accettabili, con conseguente aumento della criminalità e della corruzione in tutte le sfere della società (Modak, 2021; Ganalakshmi, 2015). I bambini e gli adolescenti imparano a conoscere le relazioni sessuali attraverso i film occidentali, i film, le riviste femminili online e i video per adulti, e si impegnano in relazioni fisiche immorali nei campus, nei ristoranti, nei parchi e nei centri di formazione, tra gli altri luoghi. 2007 (Zahid). Come risultato della globalizzazione, i valori morali e i ragionamenti stanno cambiando e stanno diventando più orientati all'autonomia (Bhat, 2019; McKenzie, 2020, & Zahid, 2007), e i bambini si comportano in modo egoistico ed egocentrico, rappresentando una minaccia per le norme, l'etica e i valori della comunità, oltre ad aumentare il dominio della cultura straniera (Shahen, Hossain, Hossain, & Jahan, 2019; Bhakta & Dutta, 2017). Le attività ricreative tradizionali, come i canti popolari, le danze popolari, i racconti folcloristici, i drammi, i pettegolezzi e gli sport locali sono in pericolo, poiché la commercializzazione dei media si concentra sempre più sul sesso, sull'amore e sull'intrattenimento basato sulla violenza, e i tradizionali principi morali dei bambini sono raramente osservati (Rahman, 2014; Wachege & Rgendo, 2017). Le conseguenze della tecnologia dell'informazione sono state più visibili negli ultimi anni nei luoghi urbani di tutto il mondo. Tuttavia, grazie alla disponibilità di Internet e di canali televisivi satellitari nelle aree rurali, nonché all'urbanizzazione delle aree rurali, si sta diffondendo rapidamente.

La modernizzazione, l'urbanizzazione, la realtà post-coloniale e la diffusa accettazione del razionalismo, dell'individualismo e del liberalismo stanno creando un ambiente socio-economico e politico in cui le tradizionali famiglie congiunte si stanno disintegrando e le famiglie singole "Tona Tuni" stanno crescendo. Gli abitanti delle città preferiscono le famiglie singole a quelle congiunte. La crescita delle possibilità di istruzione e di carriera, l'emancipazione economica e politica dei membri della famiglia, la consapevolezza sociale, la scienza e la tecnologia, l'urbanizzazione e l'industrializzazione sono tutti fattori che contribuiscono all'aumento delle famiglie single (Samad, 2015). I conflitti domestici e i disaccordi tra i membri della famiglia comune portano spesso alla formazione di famiglie singole (Aziz, 1979). I genitori trascorrono l'intera giornata al lavoro, lasciando i figli a casa o con i domestici. Questo porta alla mancanza di cure per i bambini (Boruah, 2017; Samad, 2015) e, di conseguenza, lo sviluppo morale dei bambini è compromesso (Rahman, 2014). Nella maggior parte dei casi, questo tipo di famiglie vive in città. Nella maggior parte dei casi si tratta di famiglie monoparentali. Poiché gli anziani sono considerati un peso (Siddique, 2014), ci sono pochi nonni che possono conoscere al meglio elementi folkloristici come le tradizioni popolari, le feste popolari, i racconti folcloristici, le fiabe, le leggende, i proverbi, le filastrocche, le canzoni folkloristiche, gli strumenti folkloristici, le conoscenze indigene, la tecnologia folkloristica e le conoscenze socioculturali, religiose, storiche, tradizionali ed ecologiche, i consigli e l'insegnamento morale attraverso l'esperienza personale. I bambini di oggi hanno un legame diretto limitato con la vita del villaggio, a causa di un'educazione e di uno stile di vita moderni, basati sulla scienza e sulla tecnologia, che li separano dalla vita popolare e del villaggio. L'assenza dei nonni e di altri parenti anziani, oltre ai genitori, assicura una rapida divergenza tra i bambini della nuova generazione e gli elementi popolari. Di conseguenza, sono privi di cultura popolare perché non sono in grado di acquisirla. Poiché i membri anziani non sono disponibili e i genitori sono preoccupati per la loro carriera, c'è una scarsa probabilità di correggere gli errori (Mitu, 2019). Anche le famiglie delle aree rurali del Paese sono colpite dalla globalizzazione, poiché gli abitanti dei villaggi osservano i valori e la morale stranieri trasmessi dalla televisione, dai telefoni cellulari e da altri media elettronici. Gli elementi popolari, come le tradizioni popolari, le fiere popolari, i racconti popolari, le fiabe, le leggende, i proverbi, le filastrocche, la musica popolare, gli strumenti popolari, le conoscenze indigene, le tecnologie popolari e così via, sono a rischio di estinzione a causa della globalizzazione, poiché non vengono condivisi con i giovani per intrattenerli. Queste famiglie singole "tona-tuni" erano un tempo molto diffuse nelle città del Paese. Tuttavia, stanno aumentando anche nei piccoli centri e nelle aree rurali, a causa della costante e crescente industrializzazione e urbanizzazione delle aree rurali. Molti libri di testo hanno anche sensibilizzato gli individui sui problemi delle famiglie unite e sui vantaggi delle famiglie singole, il che ha portato a un aumento delle famiglie singole e a una diminuzione delle famiglie unite e degli elementi folkloristici.

Molte delle realtà e degli aspetti discussi sopra saranno appropriati se pensiamo al sistema educativo, agli elementi popolari, alle strutture familiari e alla cultura del Bangladesh, nonché al campo della ricerca, nel contesto della globalizzazione. Il Bangladesh è un Paese asiatico situato nel sud-est del mondo. Ha una ricca eredità culturale. Sia la comunità musulmana che quella indù hanno avuto per lungo tempo tradizioni culturali quasi identiche (Rahman, 2014). Il Bangladesh, come altri Paesi non occidentali, è stato sotto l'autorità coloniale per quasi due secoli ed è stato sfruttato sia dalle autorità coloniali britanniche sia dai governanti del Pakistan orientale (Mondal, 2014, 343-356). Il Bangladesh ha ricevuto povertà e conoscenze occidentali come risultato del colonialismo e dello sfruttamento. Bangabandhu Sheikh Mujibur Rahman, il padre della nazione del Bangladesh, insistette per riformare il Paese dopo l'indipendenza ottenuta nel 1971. La riforma del sistema educativo fu uno di questi sforzi. Il primo gruppo di lavoro sull'istruzione, noto come Commissione Kudrat-i-Khuda, fu istituito nel 1972 e propose di finanziare l'istruzione primaria. Questa commissione propose anche di rendere obbligatoria l'istruzione primaria di 5 anni, di nominare insegnanti di grandi dimensioni e insegnanti donne per attirare le allieve e di raccomandare forniture educative, letteratura, istituzioni educative e nuovi programmi (SIDA, 1991). Tuttavia, dopo la sua morte nel 1975, non fu possibile andare oltre. Dopo la sua morte, il sistema educativo del Paese ha ricevuto poca attenzione, a causa dell'aumento della povertà e dell'instabilità socio-politica durante il

regno dei militari. Nonostante le cattive condizioni socio-politiche ed economiche abbiano aumentato i tassi di abbandono scolastico e l'indisponibilità dell'istruzione (SIDA, 1991; Ministero dell'Istruzione, 2010);
Prodhan, 2016), il Bangladesh è riuscito ad ampliare l'accesso all'istruzione a partire dalla metà degli anni '90 (Hossain, Subrahmanian & Kabeer, 2002; Asian Development Bank, 2008). All'epoca del governo militare in Bangladesh, l'intero globo era testimone della più recente realtà mondiale nota come globalizzazione. Il Bangladesh, con la sua bassa economia, la sua amministrazione non democratica e le sue cattive condizioni socio-politiche, si è unito a questo nuovo sistema economico globale negli anni Novanta. Il Bangladesh dipendeva fortemente dagli aiuti esteri (SIDA, 1991). Poiché la globalizzazione ha creato una condizione mondiale di imperialismo culturale, il Bangladesh ha sofferto di questo dominio critico per decenni, perché non è stato in grado di sfruttare le opportunità offerte dal sistema economico globale. La rapida trasformazione culturale del Bangladesh si è manifestata a partire dagli anni Novanta. Nonostante la loro cultura, i cittadini del Bangladesh hanno adottato modelli di comportamento e stili di vita occidentali. Hamburger, pizza, panini e bevande fredde stanno diventando sempre più popolari tra i giovani, gli adolescenti e gli altri membri della nuova generazione nelle città del Bangladesh. Internet viene utilizzato per le domande di ammissione all'università e per le comunicazioni formali nelle organizzazioni aziendali. È frequente ascoltare un miscuglio insensato di Bangla e altre lingue, in particolare l'inglese, parlato soprattutto dalle giovani generazioni, che mette in pericolo il Bangla e le altre lingue autoctone (Rahman, 2014). In Bangladesh, negli ultimi anni è emersa una nuova tendenza all'insegnamento dell'inglese nelle scuole materne. Queste scuole insegnano un programma di studi britannico e promuovono l'occidentalizzazione, e i loro studenti osservano i costumi, i pasti e i codici occidentali (Khan, 2013). In effetti, i progressi infrastrutturali in Bangladesh sono stati più visibili dal 2010. Nel 2015 il Bangladesh è diventato un Paese a reddito medio-basso grazie alle opportunità offerte dalla globalizzazione. Tuttavia, il colonialismo culturale nel settore dell'istruzione del Bangladesh è ben documentato.

Nel contesto della globalizzazione, l'ambiente educativo, le strutture familiari e la cultura di Gongachara upazilla e Rangpur Sadar, nel distretto di Rangpur, sono per lo più simili al resto del Bangladesh. La stragrande maggioranza dei bambini della scuola primaria di

Rangpur Sadar proviene da famiglie nucleari. Le madri li accompagnano a scuola e vengono osservate mentre usano l'iPhone durante le lezioni. Molti bambini ascoltano musica e giocano con i cellulari dei genitori. Guardano i cartoni animati sui canali televisivi quando i genitori non sono a casa e sono al lavoro per guadagnarsi da vivere. Nella comunicazione quotidiana, quasi tutte le famiglie degli studenti elementari di Gongachara upazilla usano la lingua locale. Il numero di studenti provenienti da famiglie nucleari è inferiore a Gongachara upazilla, ma questa distinzione è meno significativa. Le famiglie dei bambini delle elementari di Rangpur Sadar, invece, comunicano in Bangla standard e utilizzano più parole inglesi nelle loro conversazioni. Gli insegnanti e gli studenti della scuola primaria di Gongachara upazilla utilizzano maggiormente il dialetto locale e meno il Bangla standard rispetto agli istruttori e agli studenti della scuola primaria di Rangpur Sadar, nel distretto di Rangpur. I genitori degli studenti della scuola primaria danno occasionalmente ai loro figli soldi da spendere in fast food.

La politica educativa del Bangladesh per il 2010, così come le finalità e gli obiettivi educativi del Paese, possono essere suddivisi in due aree. Gli obiettivi 12, 13 e 17 mirano a sviluppare le capacità e le competenze degli studenti per affrontare la globalizzazione, mentre gli obiettivi 2, 3, 4, 5, 6, 7, 8, 9, 10 e 11 mirano a sviluppare l'umanesimo e a creare cittadini riflessivi, logici, etici, rispettosi di sé e delle religioni altrui, privi di superstizioni, tolleranti, patriottici e attivi per lo sviluppo della leadership verso la crescita. Secondo Ahmed e Salahuddin (2011), la globalizzazione ha influenzato le politiche, le finalità e gli obiettivi dell'istruzione. Sono stati aggiunti alcuni nuovi argomenti e questioni. La loro affermazione è sostenuta dall'inclusione dell'educazione alle TIC nelle scuole. L'educazione basata sulla conoscenza e sull'informazione è definita educazione globale perché la scienza e la tecnologia sono gli strumenti essenziali dell'educazione globale (Salam & Sayem, 2011). La globalizzazione contribuisce anche alla condivisione globale di conoscenze, talenti e beni intellettuali, che è fondamentale per numerose fasi di crescita (Bakhtiari, 2011).

È incoraggiante vedere che il Bangladesh è sulla buona strada per raggiungere la maggior parte degli obiettivi educativi stabiliti nella Politica nazionale sull'istruzione del 2010. Uno dei risultati ottenuti dal governo del Bangladesh è l'aumento del tasso di alfabetizzazione sia per i ragazzi che per le ragazze, la riduzione del tasso di abbandono scolastico e il raggiungimento dell'obiettivo MDG nel 2015 (Rio+20: Rapporto nazionale sullo sviluppo sostenibile, 2012). Il tasso di promozione degli studenti da SSC, HSC e altri esami alla classe accademica superiore è stato elevato negli ultimi anni (Khan, Ebney & Haque, 2014). L'esame Primary Education Certificate (PEC) dopo il completamento della quinta classe e l'esame Junior School Certificate (JSC) sono stati inseriti nella National Education Policy del 2010. (Ministero dell'Istruzione, 2010; Ahmed & Salahuddin, 2011). Oltre a questi esami, gli studenti sostengono esami trimestrali, semestrali e annuali e il loro alto tasso di promozione alla classe successiva è evidente, il che implica che l'istruzione sta diventando più orientata ai test e ai risultati. Allo stesso tempo, molti esperti di istruzione sostengono che nel sistema educativo del Bangladesh manchi lo studio dell'etica e dell'educazione morale (The Daily Jugantar, 17 ottobre 2019). Di conseguenza, sembra che l'attuale sistema educativo avrà meno successo perché non dà priorità all'educazione morale e del carattere. Si teme che questo sistema educativo produca cittadini tecnologicamente e formalmente istruiti ma privi di valori morali.

Come si evince dalla sezione precedente del capitolo "discussione e conclusioni", la socializzazione dei bambini nell'era della globalizzazione informatica, così come la rapida crescita delle famiglie monofamiliari di Tona-Tuni, sta creando un ambiente socio-economico, politico e culturale in cui l'educazione morale attraverso gli elementi folkloristici e le modalità socialmente previste sta diventando sempre più difficile. Se i bambini potessero essere educati utilizzando gli elementi popolari, ci sarebbe una possibilità. Tuttavia, è straziante constatare che gli sforzi delle nostre scuole primarie per insegnare utilizzando gli elementi popolari sono falliti miseramente. Piuttosto, si privilegia il pensiero occidentale, che a volte è in contrasto con la nostra tradizione e cultura.

Questo studio ha rilevato una presentazione insufficiente degli elementi folkloristici nell'istruzione primaria del Bangladesh, nonché la diffusione di valori negativi e falsità nei libri di testo piuttosto che di valori culturali e moralità propri. Questi tre fattori opposti hanno portato alla scomparsa e all'estinzione della tradizione, della cultura, della religione, delle norme sociali, morali ed etiche e, potenzialmente, a un ambiente socio-culturale più critico nei prossimi decenni. In generale, l'insufficiente presentazione di elementi folkloristici nel curriculum dell'istruzione primaria e il drammatico aumento di comportamenti immorali e non etici sono inestricabilmente legati. I quotidiani riportano che i ragazzi e le ragazze non sono immuni dagli effetti dell'immoralità e che stupri, abusi sessuali, corruzione, omicidi, rapine, abuso di droghe, violenza nelle scuole e altre attività immorali e criminali da parte dei giovani sono in aumento in questo Paese (Rahman, Younus, & Uddin, 2018; Bhakta & Dutta, 2017; Banerjee, 2014), e che non c'è posto nella società che In molti casi, insegnanti, studenti e altri membri dell'apparato educativo si impegnano in comportamenti immorali e non etici che prima non erano comuni (Modak, 2021). Inoltre, si vedono persone istruite prendere parte a queste attività. Poiché la presentazione e la pratica degli elementi folkloristici nel curriculum dell'istruzione primaria sono insufficienti, questa correlazione dimostra semplicemente che l'attuale sistema educativo del Bangladesh non riesce a svolgere un ruolo soddisfacente nel ridurre i comportamenti immorali e non etici.

È semplice calcolare il legame tra la diffusione di atti non etici, immorali, criminali, asociali, non culturali e terroristici e la rimozione degli elementi folkloristici nella scuola. Il sistema educativo occidentale è riuscito a creare liberalismo e razionalismo, ma ispira anche un disprezzo per la tradizione (Chakrabarty, 2009, 235-255), che potrebbe portare a un ambiente socio-culturale più critico nei prossimi decenni (Chakrabarty, 2009, 235-255).

Gli elementi folkloristici possono quindi essere utilizzati per educare i giovani in questa situazione, poiché sono stati a lungo utilizzati come strumenti didattici in molte civiltà tradizionali (Amali, 2014). Questi elementi, d'altra parte, hanno da tempo fornito consigli, lezioni morali, conoscenze socio-culturali, religiose, storiche, tradizionali ed ecologiche, consigli e insegnamenti morali e intrattenimento per bambini (Stavrou, 2015). (Deafenbaugh, 2015; The Daily Star, 13 aprile 2018; Kim, 2009; Nhung, 2016; Hourani, 2015). Le feste popolari riuniscono le persone, promuovendo l'armonia, la solidarietà e la pace (Kamilya, 2007, 30-37). Le componenti folkloristiche promuovono la pratica nella/della lingua madre (Nhung, 2016; Lee, 2016; Hayran, 2017), nonché le capacità analitiche e immaginative (Nhung, 2016; Lee, 2016; Hayran, 2017). (Nhung, 2016; Amali, 2014; Stavrou, 2015). Questi fattori aiutano anche a mantenere un rapporto positivo con la natura (Kim, 2009; Almerico, 2014; Deafenbaugh, 2015). (Ahi, Yaya & Ozsoy, 2014). Molti ricercatori hanno scoperto che gli elementi popolari rendono l'apprendimento più piacevole ed efficace (Nhung, 2016; Amali, 2014; Lee, 2016), una tendenza che è stata osservata anche nel settore dello studio. Secondo i risultati di questo studio, alcuni elementi folkloristici sono utilizzati nelle aule delle scuole primarie di Gongachara upazilla e Rangpur Sadar del distretto di Rangpur.

Mentre gli insegnanti conducono una lezione utilizzando fiabe, rime popolari, teatro popolare e favole, gli alunni delle elementari di Gongachara upazilla e Rangpur Sadar, nel distretto di Rangpur, si sentono felici e produttivi. Hati ar Shialer golpo", "Kanchonmala ar Kakonmala", "Boro Raja choto Raja", "Jolpori o kathurer golpo" e "Palkir gan" sono popolari tra gli studenti. Gli elementi folkloristici creano un ambiente in classe in cui gli studenti possono facilmente divertirsi prima di tornare a un ambiente favorevole allo studio. L'aula con elementi folk porta gioia e felicità agli studenti. Di conseguenza, gli insegnanti usano il teatro, le fiabe, le filastrocche, la musica, il vocabolario e le presentazioni orali in classe, e gli studenti rispondono positivamente e si divertono in classe; anche gli insegnanti si godono il momento perché non si annoiano più. Gli studenti si sentono liberi di rivolgersi ai professori con una varietà di domande accademiche e di altro tipo quando l'insegnante non si annoia. Quando un capitolo di un libro di testo non è difficile o cruciale per un esame, molti insegnanti del distretto di Rangpur, Gongachara Upazilla e Rangpur Sadar, colgono l'occasione per dare ai bambini fiabe, racconti folcloristici, filastrocche e altra letteratura popolare. Gli studenti che partecipano a queste iniziative fuori dai sentieri battuti sono più propensi a tornare in classe più tardi e a rivedere la lezione precedente. Molti professori dell'area prescelta utilizzano in classe similitudini ed esempi strettamente legati alla vita quotidiana degli abitanti di Gongachara Upazilla e Rangpur Sadar del distretto di Rangpur, in modo che la lezione sia di facile comprensione e gli studenti possano relazionarsi con essa. Molti alunni delle elementari della professione scelta amano le belle arti e le copertine di molti libri di esercizi per bambini sono piene di disegni di vari animali e individui. Anche gli studenti delle elementari del distretto di Rangpur, Gongachara Upazilla e Rangpur Sadar, amano dipingere immagini. I libri di testo di molti studenti sono pieni di disegni, lasciando solo poche pagine bianche per scrivere. Raccolgono pezzi di gesso mentre li prendono e li usano per disegnare immagini di alberi, uomini e animali sul pavimento, sul banco e sulla lavagna. Di tanto in tanto, quando l'insegnante è assente dalla classe, discutono su quale sia il disegno migliore. Gli studenti amano la musica e le belle arti. Gli insegnanti del settore della ricerca raccontano di tanto in tanto barzellette, favole e storie. Gli studenti adorano gli insegnanti che raccontano storie, barzellette e altre filastrocche e che incoraggiano i ragazzi a raccontare le loro storie. Questo tipo di attività informali in classe incoraggia i bambini ad avvicinarsi agli insegnanti senza paura e a non fuggire quando li incontrano fuori dalla scuola o per strada.

Nonostante il fatto che gli elementi folkloristici non siano inclusi nel curriculum di base e che i libri di testo promuovano atteggiamenti sfavorevoli nei loro confronti, alcuni elementi folkloristici sono presenti nelle classi elementari e svolgono un ruolo significativo nell'insegnamento agli alunni della scuola primaria. Questi elementi folkloristici si esprimono in gesti quotidiani in classe da parte di insegnanti e studenti. Si è scoperto che i bambini apprezzano gli elementi folkloristici e attendono con ansia il momento in cui vengono presentati in classe. Sono anche utili nelle interazioni tra insegnanti e studenti. Tuttavia, poiché non sono inclusi nel curriculum o nei libri di testo dell'istruzione elementare, questi elementi folkloristici non sono impiegati come attività regolari. Inoltre, il numero di elementi folkloristici utilizzati nelle classi è inferiore a quello di altre parti del campo di ricerca.

L'uso di elementi folkloristici nell'istruzione primaria del Bangladesh può dare ottimi risultati.

Gli elementi folkloristici del Bangla, secondo quanto affermato sopra, sono ugualmente importanti nel contesto del Bangladesh. Il Bangladesh è noto come un'economia e una cultura basata sul fiume, sull'acqua e sul fiume, nonché un luogo di multiculturalismo e varietà, una società basata sulla parentela e una cultura rurale. Il Bangladesh è un Paese prevalentemente agricolo (Ahmed, 2004; Murshid, 2006, 501-520), mentre il contributo dell'industria e dei servizi al PIL è cresciuto negli ultimi anni. La maggior parte della popolazione di questo Paese lavora come agricoltore (Ahmed, 2004). L'agricoltura è profondamente legata alle credenze, alle tradizioni, alla cultura e ai riti del Bangladesh (Chakrabarty, 2009, 235-255). La maggior parte dei testi e della letteratura orale in lingua bangladese descrive l'agricoltura e i contadini (Kamilya, 2007, 187-192). I fiumi del Bangladesh dividono il Paese in diverse regioni geografiche, ognuna con la propria cultura, religione, rituali, musica e strumenti (Murshid, 2006, 501-520). Inoltre, diversi gruppi etnici compongono la popolazione del Paese, rendendolo multiculturale e culturalmente diverso. La dipendenza del Bangladesh dall'agricoltura è favorita da fiumi e corsi d'acqua (Islam, 2007; Chakrabarty, 2009, 235-255). In Bangladesh, i fiumi hanno creato un isolamento geografico che ha favorito lo sviluppo delle lingue e della diversità culturale e religiosa. Le persone erano in grado di raccogliere il riso e pescare grazie a un gran numero di fiumi e specchi d'acqua (Murshid, 2006, 501-520). La religione, come altri fattori determinanti, ha un impatto significativo sulla cultura del Bangladesh (Ahmed, 2004). La letteratura testuale e orale del Bangla ha radici religiose che risalgono al periodo antico e medio (Islam, 2007; Murshid, 2006, 501-520; Azad, 2015). Nella maggior parte del Paese, la cultura rurale predomina su quella urbana. Le radici della letteratura, della musica e dell'arte del Bangla si trovano nel villaggio (Murshid, 2006, 501-520). La religione, la topografia fluviale e l'economia agricola hanno un impatto sulla cultura rurale del Bangla (Islam, 2007; Murshid, 2006, 501-520; Azad, 2015; Ahmed, 2004).

Nonostante la mancanza di elementi folkloristici, il Bangladesh è comunque un Paese con molta letteratura popolare (Azad, 2015, 55-58; Ahmed, 2004, 41-42). Queste caratteristiche riflettono i suddetti aspetti della cultura banglese. La letteratura popolare del Bangla (storie popolari, fiabe, filastrocche e proverbi) si basa sulle esperienze quotidiane della popolazione locale (Ahmed, 2004; Azad, 2015; Kamilya, 2007; Tagore, 2012; Shahidullah, 1938). I festival popolari del Bangla, le danze popolari, gli strumenti popolari, i giochi popolari e i costumi popolari sono tutti fortemente legati alla religione, alla storia, alla natura, all'agricoltura e all'ambiente socio-culturale del Bangladesh (Ahmed, 2004; Islam, 2007). Il riflesso delle esperienze di vita quotidiana negli elementi folkloristici aiuterà i bambini a collegare le lezioni alla loro vita quotidiana e a rendere l'apprendimento più efficace. Gli elementi folkloristici del Bangla, come quelli di altri Paesi, hanno insegnato ai membri della società, soprattutto ai giovani (Shahidullah, 1938, citato in NCTB, 2019; Azad, 2012).

Di conseguenza, è un momento eccellente per considerare i nostri futuri leader. L'istruzione (Gülcan, 2015, Sari, 2013), che ha un forte legame con la moralità e l'etica, può essere utilizzata per trasmettere la cultura e gli aspetti culturali di una nazione e di una civiltà. Poiché tutti gli eventi mondiali attuali sono incontrollabili, le scuole devono assumere un ruolo guida, perché la cultura scolastica, gli insegnanti, gli obiettivi curricolari e i processi di insegnamento-apprendimento giocano tutti un ruolo nello sviluppo morale dei bambini (Schuitema, ten Dam & Veugelers, 2003; Sari, 2013).

Dopo aver esaminato libri, riviste e giornali e aver consultato gli intervistati, questa ricerca propone suggerimenti che sono stati classificati in quattro categorie: raccomandazioni accademiche, raccomandazioni co-curriculari, raccomandazioni ideologiche e raccomandazioni strutturali, con l'obiettivo di socializzare gli studenti della scuola primaria con gli elementi folkloristici esistenti.

Gli studenti possono concentrarsi sul processo di insegnamento in classe utilizzando materiali come il folklore, che sono personalizzati per un'eccellente creatività di insegnamento e apprendimento. In realtà, questa strategia può essere utilizzata per diversificare i metodi di insegnamento in modo che gli studenti non si annoino durante lo studio. Inoltre, i libri di fiabe con personaggi animali possono essere utilizzati per fornire ai ragazzi una guida su come evitare comportamenti negativi, e la creatura può anche servire da modello per loro. Se non si interviene, solo pochi degli obiettivi della Politica nazionale dell'istruzione del 2010 saranno raggiunti e il nostro Stato produrrà persone preparate solo in campo scientifico e tecnologico, senza alcuna comprensione culturale, sociale, tradizionale, storica o morale. Solo seguendo le linee guida di cui sopra si migliorerà la situazione attuale e la nostra prossima generazione e il nostro sistema educativo ne trarranno beneficio.

Poiché abbiamo bisogno di sviluppo economico, tecnologico e infrastrutturale, l'attuale sistema educativo, che mira allo sviluppo, all'individualità e al razionalismo, dovrebbe essere mantenuto. Allo stesso tempo, la nostra società si aspetta che le persone possiedano virtù ed etiche sociali, culturali, religiose e morali, senza le quali non sarà in grado di raggiungere l'armonia sociale, l'accettazione della diversità, il rispetto per le altre culture, la tolleranza e la sicurezza, e la continua riproduzione del male potrebbe mettere a rischio i nostri obiettivi nazionali. Le componenti popolari e la filosofia locale dovrebbero quindi essere insegnate nelle scuole, in particolare nelle scuole primarie, perché rappresentano l'etica, la morale, la tradizione, la cultura, la società e la religione. La combinazione di elementi culturali e del sistema educativo consolidato aiuterà lo sviluppo, insegnando anche l'etica e la morale.

Le politiche e gli studi esistenti non si sono concentrati su questa sfida specifica. Inoltre, gli studi e le politiche precedenti in questo settore hanno trascurato la filosofia e la cultura bengalese. Tuttavia, le idee educative di Shri Aurobindo, Rabindranath Tagore, Nazrul Islam e altri pensatori bengalesi sono molto apprezzate e facili da seguire. Questa ricerca continua ha riguardato sia la filosofia educativa orientale (Sri Aurobindo) che quella occidentale (Durkhaim, Jhon Dyue, Platone...) per colmare le lacune accademiche. L'attuazione di queste raccomandazioni dovrebbe promuovere le virtù e l'etica sociale, culturale, religiosa e morale dei bambini, consentendo loro di raggiungere l'armonia sociale, accettare la diversità, rispettare le altre culture, rafforzare la tolleranza, garantire la sicurezza di tutti e trasformare i bambini in esseri sociali, come la società e lo Stato si aspettano allo stesso tempo. Inoltre, le idee educative e sociali del Subcontinente indiano e di altre parti del mondo arricchiranno la filosofia mondiale e miglioreranno l'efficacia dei sistemi educativi di altri Paesi.

7.2 Conclusione

La conoscenza popolare è il risultato dell'esperienza combinata, non di un individuo specifico, ma di una comunità o di una civiltà in generale, e quindi può essere caratterizzata come saggezza collettiva o condivisione della conoscenza. Le persone hanno sviluppato informazioni attraverso l'esperienza e, quando l'esperienza e la conoscenza si combinano, esprimono pensieri simili e imparano cose simili, culminando nell'apprendimento socioculturale. Gli elementi popolari sono una manifestazione di questo apprendimento. Gli elementi folklorici, al contrario, stanno perdendo importanza nell'educazione, nella società e nel mondo moderno, nonostante la loro importanza nel periodo preindustriale. Allo stesso tempo, questa ricerca è stata condotta in un momento in cui il mondo intero stava perdendo gli elementi folklorici a causa della modernizzazione, dell'urbanizzazione, della realtà post-coloniale e dell'accettazione diffusa del razionalismo, dell'individualismo e del liberalismo, che erano le ultime posizioni dell'epoca.

Con l'obiettivo di identificare gli elementi folklorici nel curriculum dell'istruzione primaria del Bangladesh, indagare sul riflesso degli elementi folklorici nelle classi primarie ed esplorare le modalità che potrebbero essere incorporate per riflettere gli elementi folklorici nel nostro curriculum primario per migliorare i valori e l'etica tra i nostri studenti, questo studio ha utilizzato il metodo della revisione a tavolino per scoprire che i libri di testo e il curriculum dell'istruzione primaria del Bangladesh contengono un numero limitato di elementi folklorici Alcuni libri di testo non contengono affatto elementi folklorici. Inoltre, utilizzando i metodi dell'intervista, della discussione di gruppo e dell'osservazione, si è scoperto che, nonostante alcune pratiche di elementi folklorici nelle classi elementari, c'è la tendenza a ignorare gli elementi folklorici in classe perché non sono importanti per l'esame e per produrre buoni risultati accademici; l'importanza degli elementi folklorici è stata trascurata anche perché lo sviluppo economico ha la precedenza sullo sviluppo socio-culturale, religioso e morale dei bambini.

Quindi, in una situazione in cui gli elementi folkloristici si stanno esaurendo in tutto il Paese a causa del colonialismo, della globalizzazione e della famiglia singola *tona-tuni*, l'istruzione primaria avrebbe potuto svolgere un ruolo importante nell'instillare conoscenze morali, culturali, tradizionali, sociali, diversificate ed ecologiche incorporando elementi folkloristici nel curriculum. Tuttavia, tende a rimanere indietro rispetto alla morale esistente e alla conservazione dell'identità socioculturale, non solo a causa della mancata presentazione di elementi folkloristici, ma anche a causa degli effetti del colonialismo, della globalizzazione, della modernità e della filosofia occidentale, come la letteratura occidentale, l'individualismo, il liberalismo e il razionalismo, che, d'altro canto, facilitano l'educazione nel tenere gli studenti lontani dalla propria letteratura, cultura, società, tradizione, morale e valori, che, d'altro canto, facilitano l'istruzione.

Questo studio offre e consiglia alcune nuove norme basate su uno sguardo all'educazione popolare nelle scuole primarie del Bangladesh. Le raccomandazioni accademiche di questo studio includono l'inclusione degli elementi folklorici nei libri di testo, l'assegnazione di compiti, compiti a casa e lavori pratici sugli elementi folklorici, l'orientamento, l'ascolto, la raccolta, la presentazione e la conservazione degli elementi folklorici, nonché la menzione del contesto sociale, storico e culturale degli elementi folklorici nei libri di testo. L'inclusione di giochi popolari nel tempo libero e nelle competizioni sportive annuali, la priorità dei canti popolari, della letteratura popolare e degli elementi folklorici nelle attività co-curriculari, l'introduzione e la conversazione degli studenti con gli artisti folklorici e l'organizzazione di festival folkloristici nelle scuole sono tra le attività co-curriculari raccomandate da questo studio. La costruzione di un'ideologia secolare attraverso gli elementi folklorici, così come la creazione di tolleranza e diversità, sono tra le raccomandazioni ideologiche. La rappresentazione degli elementi folklorici nel complesso scolastico, l'arricchimento della collezione di elementi folklorici nella biblioteca scolastica, la piantumazione di alberi di medicina popolare davanti all'edificio scolastico, l'uso di elementi folklorici nella decorazione delle aule e dei parchi giochi e la creazione di un mini-museo nella scuola sono alcune delle raccomandazioni strutturali formulate da questo studio.

In questo modo, si introdurrà nelle scuole la filosofia popolare, si introdurrà una varietà di tecniche di insegnamento, si sottrarrà l'istruzione alla cultura dominante, tutti parteciperanno all'apprendimento, si migliorerà la crescita morale dei bambini e si amplierà il campo di applicazione dell'istruzione. L'attuazione di queste linee guida darà vita a una piacevole miscela di filosofia orientale e occidentale, che sosterrà lo sviluppo economico e potrà contribuire allo sviluppo socio-culturale, religioso e morale dei bambini, nonché alla conservazione degli elementi popolari.

RIFERIMENTI

Ahi, B., Yaya, D. & Ozsoy, S., (2014). Il concetto di ambiente nelle fiabe popolari di diverse culture: analisi dei contenuti e delle immagini. *International Electronic Journal of Environmental Education,* 4(1), 1-17.

Ahmed, M., (2017). Etica, valori ed educazione morale: contesto globale e del Bangladesh. In Ahmed *et al.* (a cura di) *Etica e valori della scuola: Capturing the Spirit of Education.* Campagna per l'educazione popolare (CAMPE) Bangladesh.

Ahmed, S. S, & Salahuddin, M., (2011). Effetti della globalizzazione sulle politiche educative: La prospettiva del Bangladesh. *Studi dell'Università di Dhaka,* 68(2). Disponibile su www.researchgate.net

Ahmed, W., (2004). *Banglar Loka-samskriti.* 2nd edizione. Dhaka: Gatidhara.

Almerico, G. M., (2014). Costruire il carattere attraverso l'alfabetizzazione con la letteratura per l'infanzia. *Research in Higher Education Journal.* 26, 1-13.

Amali, H. I., (2014). Le funzioni dei folktales come processo di educazione dei bambini nel 21st secolo: A case study of idoma folktales, *International Conference on 21st Century Education at Dubai Knowledge Village: 21st Century Academic Forum Conference Proceeding. 2(1),* 88-97.

Banca asiatica di sviluppo, (2008). *Il settore dell'istruzione in Bangladesh: cosa ha funzionato bene e perché con l'approccio settoriale?* Studio di valutazione ADB, Dipartimento di valutazione delle operazioni, Banca asiatica di sviluppo.

Ayeni, M.A., (2012). Il concetto di moralità nel discorso educativo. *International Journal for Cross-Disciplinary Subjects in Education,* 3(2).

Azad, H., (2015). *Lal nil dipabali ba bangla sahityer jibani.* Edizione in brossura: quarta stampa. Dhaka: Agamee Prakashani, Pp. 55-58.

Aziz, K.M.A., (1979). *La parentela in Bangladesh.* Centro internazionale di ricerca sulle malattie diarroiche, Bangladesh. Serie di monografie n. 1.

Bakhtiari, S. (2011). Globalizzazione e istruzione: sfide e opportunità. *International Business & Economics Research Journal (IBER),* 5(2). Doi:

10.19030/iber.v5i2.3461

Balliu, M., (2015). L'importanza dei valori morali nella vita moderna: uno sguardo alla filosofia di Hannah Arendt. *International Journal of Humanities and Social Science,* 3(5). Recuperato da www.ijhssnet.com.

Banerjee, A. (2014). I valori morali - una parte necessaria del curriculum. *Indian Journal of Research,* 3(5).

Barakoska, A. & Jovkovska, A., (2013). Basi pedagogiche e psicologiche dell'educazione morale. *International Journal of Cognitive Research in Science, Engineering and Education,* 1(2). Recuperato da www.ijcrsee.com

Berthelemy, J. C., (2006). Globalizzazione e sfide per l'istruzione nei Paesi meno sviluppati. *Globalizzazione ed educazione.* Vaticano: Pontificia Accademia delle Scienze e Pontificia Accademia delle Scienze Sociali.

Bhakta, K. & Dutta, N., (2017). Degrado dei valori morali ed etici tra i giovani indiani: un problema emergente. *International Journal for Innovative Research in Multidisciplinary Field,* 3, Issue 6.

Bhat, S.A. (2019). Il declino dei valori etici e morali tra i giovani. *The Communications,* 27(1). Retrieved from http://ddeku.edu.in/Files/2cfa4584-5afe-43ce-aa4b-ad936cc9d3be/Journal/a74a47f7-8b83-4ebe-8679-0d79462c398a.pdf

Bloom, D. E., (2006). L'educazione nel mondo globalizzato. *Globalizzazione ed educazione.* Vaticano: Pontificia Accademia delle Scienze e Pontificia Accademia delle Scienze Sociali.

Boruah, P.J. (2017). Degrado dei valori morali tra le giovani generazioni in India: un problema emergente. *Journal of Emerging Technologies and Innovative Research,* 4(12). Recuperato da www.jetir.org

Campagna per l'educazione popolare (CAMPE) Bangladesh, (2017). *Etica e valori a scuola: Catturare lo spirito dell'educazione.* Campagna per l'educazione popolare (CAMPE) Bangladesh: Education Watch

Carr, M. & Chen, M. A., (2001). Globalizzazione ed economia informale: l'impatto del commercio e degli investimenti globali sui lavoratori poveri. *Women in Informal Employment Globalizing & Organizing.*

Çelic, T. (2018). Il trasferimento della tradizione nel mondo contemporaneo: Le storie popolari turche. *Universal Journal of Educational Research, 6(5),* 960-969. Recuperato da http://www.hrpub.org

Chakrabarty, Dr. B. K., (2009). *Lokesamskritir Satkahan.* Dhaka: Vishya Sahitya Bhaban. Pp. 44-49.

Chakrabarty, Dr. B. K., (2009). Lokesamskritir Satkahan. Dhaka: Vishya Sahitya Bhaban. Pp. 54-60.

Chatterjee, S., (2014). Bishshayon o prantiokoron: ekti somajtattik bishleshon. *International Journal of Humanities and Social Science Studies,* 1(1). Recuperato da http://www.ijhsss.com

Choy, K.W., Lee, B.E. e Ramburuth, P., (2007). La socializzazione nelle scuole è importante? Differenze nelle priorità di valore tra manager, professionisti e dirigenti in un'azienda di Singapore. *Asia Pacific Education Review,* 1(8), 129-141.

Consortium for Research on Educational Access, Transitions and Equity (CREATE), (2008). Accesso all'istruzione in Bangladesh: Country Policy Brief marzo 2008, *Consortium for Research on Educational Access, Transitions and Equity (CREATE),* http://www.create-rpc.org.

Costituzione della Repubblica Popolare del Bangladesh, consultata il 10 febbraio 2021 su http://bdlaws.minlaw.gov.bd/act-367/section-24571.html.

Das, B.L., (2001). *Un'introduzione alla globalizzazione e ai suoi impatti.* Penang: Rete del Terzo Mondo.

Das, S.K., Ray, S.K. & Mondal, S., (2016). Bangla samaj sangskriti o rajnaitik itihas ebong sahitya, unabingsha o bingsha shatabdi. *Vikas Publishing House, India.*

Deafenbaugh, L., (2015). L'educazione al folklore: un caldo benvenuto delle scuole alle comunità, *Journal of Folklore and Education. 2,* 76-84. www.factschool.org

Doda, Z., (2005), Introduzione alla sociologia: Appunti per gli studenti di scienze della salute. *Iniziativa di formazione sulla salute pubblica in Etiopia.*

Doley, P. P., (2014). Il ruolo dei racconti popolari di Mising nello sviluppo dei valori morali dei bambini. *IOSR Journal of Humanities and Social Science, 19(10)*, 19-23. www.iosrjournals.org

Durib, M. J., (2013). Le sfide della globalizzazione per i programmi scolastici dal punto di vista dei docenti con suggerimenti su come affrontarle. *Conferenza internazionale sull'educazione e la psicologia educativa 2013.* Procedia Social and Behavioral Science. ELSEVIER ltd., 112 (2014), 1196-1206. Disponibile online su sciencedirect.com

Ediger, M., (2002). La letteratura per ragazzi nelle arti linguistiche, *ERIC Document Reproduction Service Center (EDRS): Dipartimento dell'Istruzione degli Stati Uniti.*

Vite di famiglia. *Parlare di cultura ai propri figli. [Blog post].* Accesso da familylives.org.uk/advice/secondary/health-and-development/talking-to-your-child-about-culture il 2 marzo 2022.

Ganalakshmi, N. (2015). I valori morali nell'educazione moderna. *Rivista internazionale di ingegneria, tecnologia, gestione e ricerca*, 2(6).

Georgas *et al.*, (2014). Relazioni funzionali nella famiglia nucleare e in quella allargata. *Rivista internazionale di psicologia.* Doi: 10.1080/00207590143000045

Gough, N. (1999). Globalizzazione e cambiamento dei programmi scolastici: localizzare un immaginario transnazionale. *Journal of Educational Policy,* 14(1), 73-84. DOI: 10.1080/026809399286503

Gravett, K. C. M & Petersen, N. F. (2009). La globalizzazione e il suo impatto sull'istruzione con particolare riferimento all'istruzione in Sudafrica. *Gestione educativa, amministrazione e leadership.* Pubblicazioni SAGE.

Gülcan, N.Y., (2015). Discussione sull'importanza dell'insegnamento dell'etica nell'educazione. *Procedia- Social and Behavioral Sciences,* 174, 2622-2625. Doi:

10.1016/j.sbspro.2015.01.942

Haule, R.R., (2006). Alcune riflessioni sulla fondazione dei diritti umani - I valori umani sono un'alternativa ai valori morali? *Max Planck Yearbook of United Nations Laws,* 10, 267-295.

Hayran, Z., (2017), Proverbi e modi di dire nei libri per bambini. *Journal of Education and Training Studies: RedFame, 5(2),* 8-13. http://jets.redfame.com

Horn, P., (2019). Fondamenti e caratteristiche della cultura. *Cultura, civiltà e società umana,* 1. Recuperato da https://www.eolss.net/sample-chapters/c04/E6- 23-01-01.pdf

Hossain, N., Subrahmanian, R. & Kabeer, N., (2002). La politica di espansione dell'istruzione in Bangladesh. *Documento di lavoro IDS 167.* Inghilterra: Institute of Development Studies.

Hourani, R. B. (2015). Folktales, letteratura per l'infanzia e identità nazionale negli Emirati Arabi Uniti. *Il racconto della tartaruga, 18 (1)*

Huque, A. S., (1997). L'impatto del colonialismo: riflessioni sulla politica e la governance in Bangladesh. *Routledge: Tylor & Francis group.* Recuperato da https://www.researchgate.net/publication/240517472. Doi: 10.1080/714041319

Ibrahimoglu, N., Çigdem, §. & Seyhan, M., (2014). Relazione tra cultura ed etica: una ricerca in termini di diversità culturale. *Procedia - Social and Behavioral Science,* 143, 1117-1119. Doi: 10.1016/j.sbspro.2014.07.563

Indrani, B., (2012). L'importanza dell'educazione ai valori nel tempo moderno. *Education India Journal,* 1(3).

Iqbal, A.B., (2013). Ucchoshikkhay narir obostha o obosthaner ekti bishleshon: poriprexit British-Bharot o Bangladesh. *Bangladesh Asiatic Society Patrika,* 31.

Irani, F.N.H.A. & Noruzi, M.R., (2011). Globalizzazione e sfide: quali sono i problemi contemporanei della globalizzazione? *International Journal of Humanities and Social Science,* 1(6). Recuperato da www.ijhssnet.com

Islam, M. S., (2007), Utshab o Loksankar. *Vishya Sahitya Bhaban, Dhaka.*

Islam, M.N. & Hashim, A., (2019). Evoluzione storica dell'inglese in Bangladesh. *Journal of Language Teaching and Research,* 10(2), 247-255. Doi: http://dx.doi.org/10.17507/jltr.1002.05

Javed, A., Kausar, R. & Khan, N., (2014). Effetto del sistema scolastico e del genere sui valori morali e sul perdono negli studenti pakistani. *Malaysian Online Journal of Educational Science,* 2(4), 13-24. Recuperato da https://eric.ed.gov/?id=EJ1086251

Josefova, A., (2016). L'importanza dell'etica nel processo di educazione nell'attuale società globalizzata. *SHS Web of Conference 26. 01019.* Doi: 10.1051/shsconf/20162601019

Kamilya, M. C., (2007). Banglar Loka Sanskriti: Swade Aswade. *Ankur Publications, Dhaka.* (84-88)

Karaoz, B., (2018). Lo sviluppo storico della letteratura per l'infanzia in *Turchia, Universal Journal of International Research 6(5),* 848-856. Recuperato da http://www.hrpub.org

Kaur, S., (2015). Valori morali nell'educazione. *IOSR Journal of Humanities and Social Science,* 20(3), 21-26. Doi: 10.9790/0837-20332126

Khan, M. I. (2013). Cambiamenti sociali nel Bangladesh contemporaneo. *Journal of Asiatic Society of Bangladesh,* 58(2), 263-276.

Khan, Md. N. U. R., Ebney A. & Haque, R., (2014). Riforma del sistema educativo in Bangladesh: fare i conti con una società basata sulla conoscenza. *World Journal of Education: Sciedu Press,* www.sciedu.ca/wje

Kim, Dr. H., (2009), Il ruolo dei racconti popolari oggi. *Raccontare storie dal Sud-Est asiatico e dalla Corea: Guida per gli insegnanti*

Lee, S. *Cosa sono i racconti popolari e qual è la loro funzione nella società?* [Blog post]. Accesso da https://www.quora.com/What-are-folktales-and-what-is-their-function-in-society il 10 febbraio 2020.

Masath, F.B., (2013). Deterioramento morale: la riflessione sulle bande giovanili di strada emergenti a Musoma, Tanzania. *Academic Research International,* 4(1). Recuperato da www.journals.savap.org. pk

Mason, Sir A., (1995). Legge e morale. *Griffit Law Review,* 4(2).

McKenzie, J. (2020). La globalizzazione come contesto per lo sviluppo morale. In Jensen, L. A (2020) (a cura di) *The Oxford handbook of moral development: an interdisciplinary perspective.* Oxford University Press. Doi: 10.1093/oxfordhb/9780190676049.013.38

Menon, M. G. K., (2006). Globalizzazione e istruzione: una panoramica. *Globalizzazione ed educazione.* Vaticano: Pontificia Accademia delle Scienze e Pontificia Accademia delle Scienze Sociali. Pp 24-35.

Ministero dell'Istruzione (2010). *Politica nazionale dell'istruzione 2010.* Ministero dell'Istruzione, Governo della Repubblica Popolare del Bangladesh.

Ministero dell'Istruzione, (2013). *Rapporto sulla situazione dell'EIU in Bangladesh.* Ministero dell'Istruzione, Governo della Repubblica Popolare del Bangladesh.

Mittelstrass, J., (2006). L'educazione tra universalità etica e particolarità culturale. *Globalizzazione ed educazione.* Vaticano: Pontificia Accademia delle Scienze e Pontificia Accademia delle Scienze Sociali.

Mitu, M.M. (2019). Azione giovanile contro il deterioramento morale. *Bangladesh Journal of Bioethics,* 10(3), 14-18. Doi: https://doi.org/10.3329/bioethics.v10i2.50653

Modak, S., (2021). Noitikota, mullobodh ebong somosamoyik bastobota. *International Journal of Applied Research,* 7(1), 115-117. Recuperato da www.allresearchjournal.com

Moloi, K.C., Gravett, S.J. e Petersen, N.F., (2009). La globalizzazione e il suo impatto sull'istruzione con particolare riferimento all'istruzione in Sudafrica. *Gestione educativa, amministrazione e leadership. Pubblicazioni SAGE.* BELMAS, 37(2), 278-297. DOI: 10.1177/1741143208100302

Mondal, L. K., (2014). La formazione sociale del Bangladesh: un saggio di economia politica dello Stato, della classe e del capitalismo. *Journal of the Asiatic Society of*

Bangladesh (Hum), 59(2), 343-356.

Murshid, G., (2006). *Hajar bachorer bangla samskriti.* Dhaka: Abosar.

Nargis, S.S., (2015). *Bangladesher prathomic storay naitik shikkha: shikkhakrom o bidyaloye anushilon.* Dhaka: Anyaprokash.

NCERT, (2014). *Fondamenti di educazione.* Nuova Delhi: Consiglio nazionale per la ricerca e la formazione educativa.

NCTB, (2019). *Bangla Sahitya: Nobom o Dosom shreni.* Dhaka: NCTB.

NCTB, (2019), *Amar Bangla Boi: Chothurtha shreni.* Dhaka: National Curriculum and Textbook Board, Bangladesh.

NCTB, (2019), *Amar Bangla Boi: Deetiya shreni.* Dhaka: National Curriculum and Textbook Board, Bangladesh.

NCTB, (2019), *Amar Bangla Boi: Pancham shreni.* Dhaka: National Curriculum and Textbook Board, Bangladesh.

NCTB, (2019), *Amar Bangla Boi: Protham shreni.* Dhaka: National Curriculum and Textbook Board, Bangladesh.

NCTB, (2019), *Amar Bangla Boi: Treetiya shreni.* Dhaka: National Curriculum and Textbook Board, Bangladesh.

NCTB, (2019)., *Bangladesh o Vishyaporichoy: Classe 3.* Dhaka: National Curriculum and Textbook Board, Bangladesh.

NCTB, (2019)., *Bangladesh o Vishyaporichoy: Classe 4.* Dhaka: National Curriculum and Textbook Board, Bangladesh.

NCTB, (2019)., *Bangladesh o Vishyaporichoy: Classe 5.* Dhaka: National Curriculum and Textbook Board, Bangladesh.

NCTB, (2019), *Boddhodharma o Naitik Shikkha: Chothurtha shreni.* Dhaka: National Curriculum and Textbook Board, Bangladesh.

NCTB, (2019), *Boddhodharma o Naitik Shikkha: Pancham shreni.* Dhaka: National

NCTB, (2019), *Boddhodharma o Naitik Shikkha: Treetiya shreni.* Dhaka: National Curriculum and Textbook Board, Bangladesh.

NCTB, (2019), *Boddhodharma o Naitik Shikkha: Treetiya shreni.* Dhaka: National Curriculum and Textbook Board, Bangladesh.

NCTB, (2019), *Christodharma o Naitik Shikkha: Chothurtha shreni.* Dhaka: National Curriculum and Textbook Board, Bangladesh.

NCTB, (2019), *Christodharma o Naitik Shikkha: Pancham shreni.* Dhaka: National Curriculum and Textbook Board, Bangladesh.

NCTB, (2019), *Christodharma o Naitik Shikkha: Treetiya shreni.* Dhaka: National Curriculum and Textbook Board, Bangladesh.

NCTB, (2019)., *Inglese per oggi: Classe 1.* Dhaka: National Curriculum and Textbook Board, Bangladesh.

NCTB, (2019), *Inglese per oggi: Classe 2.* Dhaka: National Curriculum and Textbook Board, Bangladesh.

NCTB, (2019), *Inglese per oggi: Classe 3.* Dhaka: National Curriculum and Textbook Board, Bangladesh.

NCTB, (2019), *Inglese per oggi: Classe 4.* Dhaka: National Curriculum and Textbook Board, Bangladesh.

NCTB, (2019), *Inglese per oggi: Classe 5.* Dhaka: National Curriculum and Textbook Board, Bangladesh.

NCTB, (2019), *Hindudharma o Naitik Shikkha: Chothurtha shreni.* Dhaka: National Curriculum and Textbook Board, Bangladesh.

NCTB, (2019), *Hindudharma o Naitik Shikkha: Pancham shreni.* Dhaka: National Curriculum and Textbook Board, Bangladesh.

NCTB, (2019), *Hindudharma o Naitik Shikkha: Treetiya shreni.* Dhaka: National Curriculum and Textbook Board, Bangladesh.

NCTB, (2019), *Islam o Naitik Shikkha: Chothurtha shreni.* Dhaka: National Curriculum and Textbook Board, Bangladesh.

NCTB, (2019), *Islam o Naitik Shikkha: Pancham shreni*. Dhaka: National Curriculum and Textbook Board, Bangladesh.

NCTB, (2019), *Islam o Naitik Shikkha: Treetiya shreni*. Dhaka: National Curriculum and Textbook Board, Bangladesh.

NCTB, (2019), *Prathomic Biggan: Classe 3*. Dhaka: National Curriculum and Textbook Board, Bangladesh.

NCTB, (2019), *Prathomic Biggan: Classe 4*. Dhaka: National Curriculum and Textbook Board, Bangladesh.

NCTB, (2019), *Prathomic Biggan: Classe 5*. Dhaka: National Curriculum and Textbook Board, Bangladesh.

NCTB, (2019), *Prathomic Gonit: Chothurtha shreni*. Dhaka: National Curriculum and Textbook Board, Bangladesh.

NCTB, (2019), *Prathomic Gonit: Deetiya shreni*. Dhaka: National Curriculum and Textbook Board, Bangladesh.

NCTB, (2019), *Prathomic Gonit: Pancham shreni*. Dhaka: National Curriculum and Textbook Board, Bangladesh.

NCTB, (2019), *Prathomic Gonit: Protham shreni*. Dhaka: National Curriculum and Textbook Board, Bangladesh.

NCTB, (2019), *Prathomic Gonit: Treetiya shreni*. Dhaka: National Curriculum and Textbook Board, Bangladesh.

NCTB, (2021). *Krishi shikha: Nobom o Dosom shreni*. Dhaka: NCTB.

Nhung, P. T. H., (2016), Folktales as a valuable rich cultural and linguistic resource to teach a foreign language to young learners. *International Journal of Education, Culture and Society: Science Publishing Group*. 23-28.
http://www.sciencepublishinggroup.com/j/ijecs

Noble, T. (1995) La famiglia nucleare e la società postmoderna. *Rivista di studi sociali Hitotsubashi,* 27, 127-143.

Parihar, R., Parihar, P. & Sharma, D.J., (2018). Il declino dell'etica e dei valori morali nello scenario attuale - un'analisi. *International Journal of Current Microbiology and Applied Science,* 7(2), 1085-1092. Doi: https://doi.org/10.20546/ijcmas.2018.709.129

Penjore, D. (2005). Folktales and education: role of Bhutanese folktales in value transmission. *Giornale degli studi sul Bhutan,* 47-73.

Pires, M. N., (2011). Costruire l'identità e comprendere il potenziale della letteratura e della letteratura tradizionale nel curriculum scolastico.*US-China Education Review Publication,* 251262

Prodhan, M. (2016). Il sistema educativo in Bangladesh e le possibilità di miglioramento. *Journal of International Social Issues*, 4(1), 11-23.

Rahman, K.M.A., (2014). Globalizzazione e trasmissione culturale: il caso del Bangladesh. *Cultura e storia asiatica.* Canadian Center of Science and Education, 6(2). Doi:10.5539/ach.v6n2p1

Rahman, M., Younus, A.A. & Uddin, K., (2018). Crisi della morale e dei valori: Una prospettiva del Bangladesh. *International Journal of Social Science Studies,* 6(11). Doi: 10.11114/ijsss.v6ill.3687

Ramirez, M. M., (2006). L'educazione culturale in un mondo sempre più globalizzato (dalla prospettiva di un "Paese in via di sviluppo"). *Globalizzazione ed educazione.* Vaticano: Pontificia Accademia delle Scienze e Pontificia Accademia delle Scienze Sociali.

Rio+20: Rapporto nazionale sullo sviluppo sostenibile (2012). Bangladesh. *Rio+20: Rapporto nazionale sullo sviluppo sostenibile.*

Salam, M. A., & Sayem, A., (2011). L'impatto della globalizzazione sull'istruzione primaria in Bangladesh: un'analisi sulla teoria della modernizzazione. *International Journal of Educational Science and Research (IJESR)*, 1(2), 1-14.

Saldana, J., (2013). Potere e conformismo nella scuola di oggi. *International Journal of Humanities and Social Science,* 3(1). Recuperato da https://www.semanticscholar.org/paper/Power-and-Conformity-in-Today%27s-

Schools-Saldana/d7249d12818c8c119741224f794a6fe4e3a23d

Samad, M., (2015). Il matrimonio nel cambiamento dei modelli familiari in Bangladesh: le tendenze attuali. *International Journal of Social Work and Human Service Practice.* Horizon Research Publishing. 3(4), 155-161.

Samson, B. & Allida, V., (2018). Il declino morale nelle scuole: riflessioni nelle scuole secondarie pubbliche del distretto di Iganga, Uganda. *Baraton Interdisciplinary Research Journal.* Vol. 8 (numero speciale). Pp: 1-9.

Sari, N. (2013). L'importanza dell'insegnamento dei valori morali agli studenti. *Giornale dell'inglese e dell'educazione.* Pp: 154-162.

Schuitema, J.A., ten Dam, G.T.M. e Veugelers, W.M.M.H., (2003). Strategie didattiche per l'educazione morale: una rassegna. *Abstract del 10th Beinnial Meeting della European Association for Research on Learning and Imstruction.*

Shahen, A., Hossain, B., Hossain, B., & Jahan, N., (2019). Globalizzazione e Bangladesh: un'analisi da una prospettiva culturale. *IOSR Journal of Humanities and Social Science (IOSR-JHSS),* 25(1)4, 32-41. Disponibile su www.researchgate.net

Sharif, S., (2015). Rural mothers' perceptions of play for children's learning and development in Bangladesh, *Bangladesh Journal of Educational Research,* Institute of Education and Research, University of Rajshahi, 1, 12-25.

Sharma, N. & Mir, S. A., (2019). Decolonizzare l'istruzione: la ri-scolarizzazione in India. *Senectica: rivista elettronica di educazione.*

Shavel, S., (2002). Legge e morale come regolatori della condotta. *American Law and Economic Review,* 4(2): 227-257.

Siddique, A.B., (2014). Opinioni degli anziani sul comportamento dei loro familiari. *Medicina Oggi,* 26(1).

Spooner, A. (eds.), 2001. *Dizionario Oxford dei sinonimi e contrari.* India: Oxford University Press.

Stavrou, E. P., (2015). Determinare l'identità culturale di un bambino attraverso la letteratura popolare, *American Journal of Educational Research, 3(4),* 527-534.

Recuperato da http://pubs.serepub.com/education3/4/20

Stokhof, M.J.B. (2018). Etica e morale, principi e pratica. *ZEMO*. Doi: https://doi.org/10.1007/s42048-018-0016-x

Suárez-Orozco, M. & Suárez-Orozco, C., (2006). Globalizzazione, immigrazione e istruzione: recenti tendenze negli Stati Uniti. *Globalizzazione ed educazione*. Vaticano: *Pontificia Accademia delle Scienze e Pontificia Accademia delle Scienze Sociali.*

Autorità svedese per lo sviluppo internazionale (SIDA), (1991). L'istruzione primaria in Bangladesh: revisione, analisi e raccomandazioni. *Documenti della Divisione Educazione. No. 52.* Autorità svedese per lo sviluppo internazionale (SIDA), Stoccolma.

Sylva, K., (1994). Influenze della scuola sullo sviluppo dei bambini. *J. Child Psychol. Psychiat,* 35(1), 135-170.

Tagore, R., (2012) *Lokshitya*. Dhaka: Sumona Boighor. Ristampa 2012.

Talukdar, M.G.U. & Hasan, R., (2018). Impatto del degrado morale ed etico sulla povertà in Bangladesh: una soluzione sostenibile dalla prospettiva islamica. *Global Journal of Human Social Science,* 18(3).

Taneri, P.O., Gao, J. & Johnson, R., (2016). Ragioni del deterioramento dei valori morali: analisi comparativa transculturale. Boston, USA: *Atti della conferenza accademica internazionale WEI 2016.*

The Daily Star, 12 aprile 2018

Il Dainik Jugantar, 17 ottobre 2019

Turiel, C., (2012). Ragionamento morale, pratiche culturali e disuguaglianze sociali. *Innovación Educativa,* 12, 59. Recuperato da http://www.scielo.org.mx/scielo.php? pid=S1665-26732012000200003&script=sci_abstract&tlng=en.

Vincent, J. D., (2006), Cervello e istruzione. *Globalizzazione ed educazione*. Vaticano: Pontificia Accademia delle Scienze e Pontificia Accademia delle Scienze Sociali.

Wachege, P.N. & Rugendo, G., (2017). Effetti della modernizzazione sulla moralità dei giovani: un caso della parrocchia cattolica di Karuri, Kenya. *International Journal of Academic Research in Business and Social Sciences.* Vol. 7(12). Doi: 10.6007/IJARBBS/v7- i12/3704

Waite. S. (eds.) (1998). *Il piccolo dizionario di Oxford.* Oxford University Press. Edizione riveduta 7th.

Wiseman, A. W., Astiz, M. F., & Baker, D. P., (2013). Globalizzazione e ricerca comparativa sull'istruzione: idee sbagliate e implicazioni della teoria non istituzionale. *Journal of Supranational Policies of Education.* N. 1, pp 31-52

Yasaroglu, C., (2016). Cooperazione e importanza della scuola e della famiglia nell'educazione ai valori. *European Journal of Multidisciplinary Studies,* 1(2).

Zahid, D. (2007). Impatto della globalizzazione culturale sui giovani della classe superiore della città di Dhaka: uno studio a campione. *Bangladesh e-Journal of Sociology*, 4(2).

Zuwirna, Z., Sihes, A. e Amsal, M., (2020). Educazione del carattere attraverso il curriculum a contenuto locale di Budaya Alam Minangkabau. *Al-Ta lim Journal*, 27(2). Doi: https://doi.org/10.15548/jt.v27i2.631

APPENDICE

1. Il numero di elementi folkloristici nei libri di testo della scuola primaria

	Class-1	Class-2	Class-3	Class-4	Class-5
Bangla	5 (Folktales 3, Rhymes 2)	4 (Folktales 1, Rhymes 2, Painting 1)	3 (Folktales 2, Painting 1)	4 (Folktales 1, Folk-architecture 2, Folk-song 1)	4 (Folktales 2, Folk fair 1, Folk-drama 1)
English	-x	4 (Rhymes 3, Folktales 1)	3 (Folktales 1 Rhymes 2)	4 (Rhymes 2, Folktales 1, Folk-Painting 1)	4 (Rhymes 2 Folktales 2)
Mathematics	-x	-x	Xx	-x	-x
Social	-	-	2 (Festival 2)	2 (Folk-culture 1, Folk-festival 1)	2 (folk-tradition 1, Folk-arts 1)
Science	-	-	-x	-x	-x
Islam religion	-	-	5 (Folktales 5)	6 (Folktales 6)	10 (Folktales 10)
Hindu religion	-	-	8 (Folktales 7, Folk-paint 1)	2 (Folktales 2)	3 (Folktales 2, Folk rituals 1)
Christian religion	-	-	3 (Folktales 3)	1 (Folktales 1)	2 (Folktales 2)
Buddhist religion	-	-	4 (Folktales 2, Rituals 1, Folk-paint 1	6 (Folk rituals 1, Folktales 4, Folk festival 1)	5 (Folktales 2, Ballad 2, Folk-Festival 1)

I want morebooks!

Buy your books fast and straightforward online - at one of world's fastest growing online book stores! Environmentally sound due to Print-on-Demand technologies.

Buy your books online at
www.morebooks.shop

Compra i tuoi libri rapidamente e direttamente da internet, in una delle librerie on-line cresciuta più velocemente nel mondo! Produzione che garantisce la tutela dell'ambiente grazie all'uso della tecnologia di "stampa a domanda".

Compra i tuoi libri on-line su
www.morebooks.shop

info@omniscriptum.com
www.omniscriptum.com

OMNIScriptum

www.ingramcontent.com/pod-product-compliance
Ingram Content Group UK Ltd.
Pitfield, Milton Keynes, MK11 3LW, UK
UKHW030823171224
452675UK00001B/292